프로젝트 라이프

DESIRE
욕망질문

프로젝트 라이프

DESIRE
욕망 질문

Generalist Architect
아키씨 지음

언더라인

욕망이란 무엇일까. 삶의 동력일까. 괴로움의 뿌리일까. 삶에는 필연적으로 실존에서 오는 고통이 따르나 이는 우리 안에 내재되어 있는 욕망으로부터 비롯된 것이 아닐지 싶다. 욕망이란 나와 관계, 사람과 삶을 이어주는 상생의 역동이기에 그 어떤 마음 작용보다 더 잘 살펴봐야 할 대상이다. 욕망은 그 전개 방식에 따라 괴로움의 뿌리가 될 수도 있고 삶의 동력이 될 수도 있다. '나'라는 존재 안에 실재하는 욕망의 현상들을 어떻게 인식하고, 이해하며, 실현해 나가는가에 따라 저마다의 삶의 질이 달라진다.

욕망이란 '부족을 느껴 무엇을 가지거나 누리고자 탐하는 마음'으로 사전적으로 정의된다. 이 강렬한 역동은 의식보다 선행하는 경우가 많아 항시 잘 다루어 쓸 수 있어야 탈이 없다. 심리학에선 이를 자기 조절self-regulation이라고 한다. 자기 조절 과정의 첫째는 자기 관찰self-observation에서 시작된다. 자신의 내면적 상태나 과정을 인식하는 과정이다. 이 책에서는 6트랙으로 자기 이해와 자각을 돕는다. 자신의 마음 깊은 자리를 잘 살펴 알아차리는 여정을 만들어 낸다. 자기 조절의 두 번째 단계는 자기 평가self-evaluation이다. 자기 평가는 자기 관찰에 의한 인식에 근거한다. 이는 자신의 내면 상태에 대한 객관화 과정이다. 이 책 곳곳에 펼쳐져 있는 욕망에 관한 질문은 자기 객관화를 하기 위한 내면의 욕망에 대한 직면을 겁먹지 않은 채 차분히 다가갈 수 있도록 손을 잡고 가는 느낌이다. 근원 욕망에 이르는 세밀한 관찰과 분석 과정은 질문의 형태로 이어지기에 자기 탐구에 제격이다. 나아가 현재의 상태와 지향하는 상태를 바로 볼 수 있도록 한다. 자기 조절의 세 번째 단계는 자기 반응-self-reaction이다. 이는 자기 평가의 결과에 따라 감정이나 행동을 어떻게 조절해 나갈 것인가에 관한 것이다. 책에는 욕망 질문에 대한 자기 인식을 쉽게 관찰할 수 있도록 다양한 시각적 도식을 준비해 놓고 있다. 3부 '욕망 디자인하기' 장으로 들어가 보면 탐색적 물음을 통해 얻은 삶의 지향점을 한눈에 살펴볼 수 있다. 상당히 구조화가 되어 있어 시각화를 통해 단번에 자기 이해를 할 수 있게 해준다. 이를 통해 내 삶의 실현을 위한 가치를 발견하게 되새기게 되고 현명한 선택을 위한 자기 태도를 궁리하게 한다.

저자는 주체적 인간이 되기 위해서 우리가 확인해야 할 대상으로 '욕망'을 제시하며 6개의 트랙으로 욕망이 작동되는 영역을 범주화하여 세밀하게 자신을 알아차리도록 돕는다. 삶을 맥락적으로 조망하도록 이끄는 구조인데 각 트랙 안에 놓인 질문들은 마치 성찰적 멘토의 멘토링을 받고 있는 느낌을 준다. 당신 지금 괜찮은지, 당신 마음에 무엇이 자리하는지, 당신이 삶에서 중요하게 여기는 가치는 무엇인지, 당신의 고통은 어디에서 비롯된 것인지, 그리고 당신이 누구인지를 다정한 자각으로 직면하도록 이끈다. 이는 저자가 자신의 삶에서 스스로를 탐구하고 주변을 이해하며, 삶의 에너지를 다차원적으로 궁리하며 얻은 지혜로움이 아닐까 싶다.

6트랙은 나를 규정하는 것들에 대한 이해로부터 시작된다. 그리고 공간환경, 인간관계, 라이프스타일, 개념환경, 일 속에서 나란 사람이 어디에 있는지를 발견토록 하고 의미 있는 선택을 실천할 수 있는 통찰을 제공한다. 실로 근사한 여행이 아닐 수 없다. 욕망은 삶의 시간 속에 피할 수 없는 화두이다. 그렇다면 이제 이 책과 함께 담담하게 마주해 보자, 이 친절한 안내서와 함께 '나'와 근사한 조우를 해보면 어떨까. 니체 역시 욕망은 고통의 근원이 아니라 생명력의 원천이니 그 과정을 지켜보며 조화롭게 승화하라고 강조한다. 프롬은 인간의 근원적인 욕망들을 생산적으로 구현할 것을 제안한다.

욕망 자체를 통제하긴 어렵지만 욕망이란 에너지의 쓰임을 어떻게 쓸 것인지는 우리가 선택할 수 있다. 욕망의 실체를 잘 볼 수 있다면 말이다. 마지막 질문을 마칠 즈음에는 새로운 자각과 통찰로 여러분의 내면이 충분하리라 본다. 이유는 분명하다. 우리가 삶을 진정으로 힘 있고 충만하게 사는 데 이 책이 도움을 주기 때문이다. 여러분의 삶에서 욕망이 좋은 동반자가 되길 바란다. _**김도연**, 작가 및 심리학자

나라고 믿는 나 자신은 실제 나와 일치할까? 철학적 질문으로 가득한 이 책의 안내로 우리는 나의 진실을 쉽게 알게 된다. _**강신주**, 철학자

모든 소설은 주인공이 무언가를 욕망하면서부터 시작된다. 실제 인간의 삶도 그러하다. 우리는 자신의 욕망을 파악하고, 충족하고, 조정하며 인생의 고유

한 좌표를 찍는다. 하지만 욕망의 조각들은 들쑥날쑥하고 애매모호하게 떠오른다. 이 책은 섬세하고 체계적인 질문들을 통해 그 조각들을 한 줄로 꿰어주며, 비로소 유의미한 정보로 재구성하도록 도와준다. 장마다 빈칸투성이인 책이지만 이처럼 밀도 높고 철학적인 책을 찾기는 어려울 것이다. _**공백**, 작가 및 북크리에이터

우리는 늘 뭔가를 원하면서도 정작 '왜 이걸 원하는지' 깊이 생각해 본 적이 없다. 누군가의 욕망을 나의 것인 양 착각하며 살아가고 있지 않은지, 혹은 진짜 나의 욕망을 외면하고 있진 않은지. 이 책은 204개의 섬세한 질문들을 통해 진짜 욕망을 발굴하는 여정을 함께한다. 이 여정의 끝에서 우리는 마침내 자신을 제대로 마주하게 될 것이다. _**김경희**, 〈오키로북스〉 대표

저는 마흔 앓이가 꽤 심했습니다. 직장생활은 안정되었지만, 미래가 막막했고 두려웠지요. 뭔가를 해야 한다고 생각하면서도 뭘 해야 할지 몰라 걱정만 한 날들도 많았습니다. 회사 일도 집안일도 아닌 나의 일을 시험해 봐야겠다는 생각에 제3의 시간을 확보하여 사이드 프로젝트를 시작했습니다. 내가 뭘 좋아하는지, 내가 뭘 하고 싶어 하는지 묻고 물으면서 작은 실험과 도전을 했던 거죠. 앞은 여전히 오리무중이었지만, 내가 점점 선명해지는 걸 느꼈습니다. 그런 시간을 충만히 보낸 뒤, 내가 원하는 삶을 찾은 저는 퇴사를 했습니다. 회사라는 안전하고 거대한 우산을 거둔 것이 힘들었지만, 내가 좋아

하는 시간에, 좋아하는 장소에서, 좋아하는 사람들과 좋아하는 일을 하는 즐거움은 정말 컸습니다. 내가 원하는 삶을 찾은 지 이제 만 5년이 지나고 있습니다. 불안한 마음은 여전하지만, 일과 삶의 만족은 전에 비할 바가 못 됩니다. 내가 욕망하는 것에 가깝게 지내고 있기 때문이죠. 부럽다고요? 여러분도 '바람대로' 일하고, 삶을 영위할 수 있습니다. 그러기 위해서는 내가 무엇을 원하는지를 파악해야 합니다. 그 시작을 이 책과 함께 해보세요. 내 세상에 새로운 문이 열리는 경험을 하실 거예요. _**백영선**, 플라잉웨일 대표 및 기획자

탐험하며 미지의 세계를 발견하듯, '욕망 질문'은 스스로 인지하지 못했던 욕망을 하나씩 발견하게 해줍니다. 이 책으로 욕망이라는 미지=의 내적 탐험을 떠나보세요. _**문경수**, 과학탐험가

이 책은 현재의 나를 바라보게 해준다. 질문 여행을 마치고 나면, 당신은 지금과 전혀 다른 모습을 만날 수 있을 것이다. _**김성호**, 영화감독

여는 글

욕망의 여정을
시작하며

　인간의 마음속에는 구체적으로 이름 붙이기 힘든 다양한 감정과 열망들이 뒤섞여 있습니다. 우리는 이러한 욕망이 일으키는 변화를 잘 인식하지 못한 채, 자동화된 반응을 하며 살아가곤 합니다. 때로는 불안함으로 때로는 설렘과 함께 욕망은 우리를 이끌지만, 그 실체나 근원을 깊이 이해하지 못한 채 하루하루를 보내는 경우가 많습니다.

　욕망은 분명 우리 안에 존재하지만, 그것이 진정 나의 것인지 혹은 외부의 영향을 받은 것인지, 어떤 계기로 비롯되었으며, 왜 그렇게 강력한 영향을 미치는지 이해하기란 결코 쉽지 않습니다. 마치 흐릿하게 보이는 무지개를 향해 달려가는 아이처럼, 욕망의 정확한 본질을 알지 못한 채 그것을 좇습니다.

　이 책은 "나는 무엇을 욕망하는가?" 그리고 "내가 원하는 것을 어떻게 실현할 수 있는가?"라는 단순한 질문에서 출발했습니다. 처음에는 사소해 보였던 이 질문들이 점차 체계화되면서, 결국 인간 존재와 삶의 기초를 탐구하는 근본적인 물음들로 확장되었습니다.

우리는 무엇을 위해 살아가며, 무엇을 추구하는가?
그리고 그 길의 끝에서 나라는 존재는 결국 무엇인가?

이 질문을 탐구하는 과정에서 깨달은 것은, 인간의 모든 행동과 결정이 욕
망이라는 강력한 에너지와 삶을 지탱하는 몇 가지 핵심 개념에 의해 형성된
다는 점이었습니다. 이 책은 욕망이 우리의 삶에서 어떤 방식으로 작동시키
는지를 구체적으로 살피며, 그것이 단순히 추상적 관념이 아니라, 우리의 행
위로 드러나는 구체적인 대상과 활동에 깊이 연결되어 있음을 일깨워 줄 것
입니다. 질문을 마주할 때마다 답이 달라질 수도 있지만, 어느 순간 스스로
충분히 납득할 수 있는 답을 얻는 순간도 만나게 될 것입니다. 욕망을 솔직
하게 마주할수록, 외부의 평가에 흔들리지 않고 자신만의 길을 주체적으로
선택할 힘이 생길 것입니다.

지난 몇 년간 인류는 팬데믹이라는 전 지구적 변화를 겪으며 많은 관계의
상실을 경험했습니다. 원하는 것을 즉각적으로 얻을 수 없는 결핍 속에서, 당
연하게 여겼던 것들의 소중함을 깨닫게 되었고, 이 과정에서 사람들은 내면
과 작고 소중한 일상의 관계로 시선을 돌리며 감사하는 법을 배우는 듯했습
니다. 그러나 팬데믹의 종료 선언과 함께, 마치 아무 일도 없었다는 듯 사람

들은 다시 익숙했던 욕망의 길로 되돌아갔습니다.

　곧이어 인류는 이전에 경험하지 못한 속도로 인공지능이라는 거대한 전환을 마주하게 되었습니다. 스스로의 욕망을 제대로 이해하지 못한다면, 본격적인 인공지능 시대에 우리의 역할과 삶의 형태는 더 이상 주체적으로 결정할 수 없는 것이 될지도 모릅니다. 이 책은 바로 이러한 근본적인 질문과 고민에서 비롯되었습니다. 욕망의 행위자로서 나를 이해하는 것은 성찰의 첫걸음입니다.

　이 책은 궁극적으로 인류가 욕망 에너지에 끌려다니다 멸종의 위기에 처할 것인지, 아니면 욕망을 이해하고 그것을 제어 가능한 선택의 문제로 전환할 수 있을지를 묻고자 합니다. 어쩌면 저는 '욕망 질문'을 통해 인간이 가진 사랑의 능력과 다가올 미래에도 여전히 유효한 존재 의미를 찾고 싶은지도 모릅니다. 이 책이 그러한 탐구에 작은 길잡이가 되기를 바라며, 여러분도 이 욕망 탐구의 여정을 함께 걸어 주시면 감사하겠습니다.

2024년 11월

인생도서관에서, 아키씨

차례

1부
나의 욕망을 찾아야 하는 이유

2부
욕망을 발견하게 할 질문들,
당신을 움직이게 할 열쇠

3부
욕망을 이해하고, 분석하고, 설계하는 법

1부
나의 욕망을 찾아야 하는 이유

내 욕망을 잘 이해하고 솔직하게 표현하며 살아가는 일은 그리 쉬운 일이 아닙니다. 머지않아 인공지능은 나보다 더 내 취향과 욕망을 잘 파악할 것이고, 알고리즘은 내가 선택할 미래의 결정들을 더 잘 예측하게 될 것입니다. 어쩌면 그러한 현실은 이미 우리의 코앞에 와 있는 것도 같습니다. 이런 시대를 살아가는 우리에게 필요한 질문은 '내가 원하는 것이 누구의 욕망인가'를 넘어 '나를 통해 표현되는 욕망 자체가 의미 있을까'라고 생각합니다. '주체적 인간'이란 앞으로 어떤 의미가 될까요? 어쩌면 내 욕망을 이해하는 일이야말로, 인공지능 시대에서 자신의 삶을 주도적으로 살아가기 위한 중요한 일이 될 것입니다.

삶의 근거가 되는
욕망

누구나 한 번쯤은 '내가 원하는 것과 다른 누군가가 내게 원하는 것' 사이에서 갈등해 본 적이 있으리라 생각합니다. 내가 속한 사회 관계망 안에서, 내 의사와는 관계없이 외부의 힘이 내게 강요하는 것과 내가 진짜 이루거나 하고 싶은 것들의 충돌로 인해 좌절한 경험이 있었을 거예요. 게다가 원하는 것을 성취한다고 해도 기쁨을 만끽하는 시간도 잠시입니다. 원하는 것이 계속 이루어지면 권태로워지는 것 또한 사람 마음입니다. 원하는 것과 원하지 않는 것, 욕망과 권태 사이를 끊임없이 진동하는 게 인간의 삶인 것처럼 느껴지기도 합니다.

주체적 인간이 되기 위해 확인해야 할 욕망

인류의 역사를 돌아보면 대체로 인간의 욕망은 제어해야만 하는 부정적인 이미지였습니다. 욕망을 숨기거나 억압하던 긴 시절을 거쳐 현대에 들어서야, 개인의 자유로운 욕망 표현이 용인되고, 자아를 실현하는 개념이 보편화

됩니다. 그러나 자본주의 체제에서의 욕망은, 소비자로서의 개인이 소비할 수 있는 자유를 기반으로 합니다. 끊임없이 소비하지만 공허함은 채워지지 않습니다. 이는 욕망의 주체가 내가 아니라는 신호입니다. 다른 누군가 혹은 시스템의 욕망이 나를 통해 작용하고 있다는 뜻이겠지요.

21세기를 살아가는 우리는 오프라인을 넘어 온라인 관계망 내에서도 내가 좋아하는 것들을 끊임없이 표현하며 살아갑니다. 매일 물건을 사고, SNS상에서 '좋아요'를 누릅니다. 그런데 이 행위가 내 마음속 깊은 곳에 자리 잡은 욕망을 잘 반영하고 있는 것일까요?

내 욕망을 잘 이해하고 솔직하게 표현하며 살아가는 일은 그리 쉬운 일이 아닙니다. 머지않아 인공지능은 나보다 더 내 취향과 욕망을 잘 파악할 것이고, 알고리즘은 내가 선택할 미래의 결정들을 더 잘 예측하게 될 것입니다. 어쩌면 그러한 현실은 이미 우리의 코앞에 와 있는지도 모릅니다.

이런 시대를 살아가는 우리에게 필요한 질문은 '내가 원하는 것이 누구의 욕망인가'를 넘어 '나를 통해 표현되는 욕망 자체가 의미 있을까'라고 생각합니다. '주체적 인간'이란 앞으로 어떤 의미가 될까요? 어쩌면 내 욕망을 이해하는 일이야말로, 인공지능 시대에서 자신의 삶을 주도적으로 살아가기 위한 중요한 일이 될 것입니다.

욕망의 메커니즘
이해하기

사람은 필요할 때마다 수많은 기억데이터에서 나를 설명하는 데 적합한 정보들을 선택합니다. 그 정보들을 연결하여 몇 가지 특징적인 성격 패턴을 지닌 '나'라는 개념을 그때그때 만듭니다. 이 과정이 자동으로 진행되어 '나'라는 존재가 너무나 당연하게 여겨지지요. 그리고 이 '나'라는 개념을 기반으로 현실의 선택 경험을 다시 이어가는 순환 과정이 살아 있는 동안 지속됩니다.

인간이 스스로를 세계 속의 '나'로 추상화하는 과정에서, 욕망이 어떻게 작동하는지를 명확히 규정하기란 참으로 어려운 일입니다. 욕망은 내가 생각하는 '나'를 유지하고 싶은 기대를 끊임없이 휘젓고, 나를 요동치게 하는 원동력이자, 때로는 짓궂은 훼방꾼이기 때문입니다. 그래서 욕망을 차분하게 마주하고, 정의 내리고, 소통하는 일이 쉽지 않습니다.

욕망은 삶의 근거 에너지이다

저는 욕망 자체는 긍정적이지도, 부정적이지도 않은 삶의 근거 에너지라고 정의합니다. 나 자신도 잘 이해할 수 없는 욕망을 마주할 때면, 욕망 에너지가 나라는 매개체를 통해 현실적 시공간으로 출몰하는 상상을 합니다. 내가 몸이라는 매개체를 가지고 이 삶을 살아가는 한, 욕망이 사라지는 일은 없을 것이며, 욕망이 전제되지 않는 관계 또한 형성되지 않을 거라고 생각합니다.

때로 생물학적인 몸의 '나'와 개념으로 추상화된 '나(에고들)'를 향해 욕망이 동시에 작용할 때면, 혼란스럽기도 합니다. 내 몸이 원하는데도, 그것을 막는 '나'와 충돌을 일으키며 이러지도 저러지도 못하는 상황을 마주하기도 하지요. 상황이 조금만 바뀌면, 한때는 바라지 않았던 것을 원하게 되거나, 갈망하던 대상이나 활동을 두 번 다시 원하지 않는 사람이 되어 있기도 합니다. 스스로도 취향이나 목적에 대한 일관성을 가진 사람인지 의심스러워질 때가 있습니다. 내가 욕망의 주체이며 컨트롤러인지, 그저 욕망이 시키는 대로 반응하는 반응체인지 헷갈리기도 합니다.

주체적으로, 나로서 살아가기 위해서는 나의 욕망을 바라보고, 이해하는 작업이 반드시 필요합니다. 그러나 고정되어 있지 않은 욕망이라는 대상 자체를 분석하는 일은 매우 어렵습니다. 이 책에서는 구체적 삶의 경험을 욕망을 이해하기 위한 출발점으로 삼아보겠습니다. 욕망의 실체가 무엇이든, 그 욕망은 나를 통하지 않고서는 세상과 관계 맺을 수 없기 때문입니다.

6트랙으로 알아보는
욕망 관계망

컨설팅 일을 하는 저는 수많은 사람을 만나 다양한 질문을 합니다. 그러던 중 '인생이라는 인류 공통의 프로젝트는 무엇일까?'라는 질문과 마주했습니다. 저는 이 질문에서 시작된 삶에 대한 하나의 메타포를 '프로젝트 라이프'라고 명명했습니다.

인간은 '나'를 중심으로 다양한 대상들과 관계를 맺으며 살아갑니다. 나라는 존재는 현실의 관계망 안에서 욕망하거나 바라는 삶을 충족하려 합니다. 스스로 선택하고, 시도하고, 좌절하고, 성취하는 다양한 행위들과 상태들을 '나'로서 인식하는 과정이 프로젝트 라이프가 아닐까요.

내 삶을 맥락적으로 한눈에 조망하기

저는 경험을 통한 정보나 기억을 정리하여 맥락(관계)적으로 한눈에 조망眺望하기 위해 미트릭스ME:TRIX라는 툴킷을 만들었습니다. 시간이라는 흐름 안에서 나를 형성한 나를 규정하는 것들 · 공간환경 · 인간관계 · 라이프스타일 · 개념환경 · 일(이하 6트랙)을 살펴볼 수 있는 툴입니다.

    미트릭스는 망網으로 상징되는 복잡한 인생의 구조를 시간 行, 6트랙의 열쇄로 표기하여, 탄생에서부터 앞으로 다가올 미래의 시간까지 한눈에 조망할 수 있도록 도와주는 도구입니다. 미트릭스 툴킷은 한 사람의 삶이 6트랙의 맥락으로 분류된 대상들과 끊임없이 관계를 맺으며, 다양한 '나'의 모습이 드러나는 것을 전제로 합니다. 망의 대상과 관계 맺는 방식을 통해 발현되는 나의 태도와 행동은 우리가 사는 네트워크에 영향을 끼치고, 그 영향은 다시 나에게 되돌아옵니다. 우리는 이런 상호 연관 구조 속에서 지속적으로 영향을 주고받으며 6트랙 내 존재들과 끊임없이 관계를 형성합니다. 6트랙으로 인생을 바라본다는 것은, 내가 세상의 다양한 존재들과 어떻게 관계를 맺고, 어떤 태도를 취하는지 의미합니다. 그리고 이런 맥락 안에서 다양한 스펙트럼인 '나'의 모습이 어떤 유형과 방식으로 드러나는지를 발견하게 됩니다.

나를 규정하는 것들ME-INFO

    6트랙의 첫 번째는 신체적 · 사회적으로 나를 규정하는 것들에 대한 내 정보ME-INFO입니다. 물리적으로 나를 규정하는 몸, 생물학적 성별부터 사회적으로 규정된 역할이나 캐릭터, 나를 나타내는 다양한 보통명사들이 이 트랙에 해당합니다. 스스로를 특정한 역할의 사람이나 습관화된 캐릭터로 설정한다면, 그것에 따라 상황을 선택적으로 필터링하여 지각하거나 반응하기

미트릭스 6트랙 ──────────────────────────

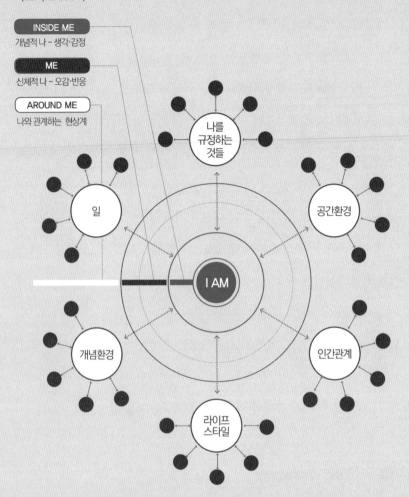

INSIDE ME
개념적 나 – 생각·감정

ME
신체적 나 – 오감·반응

AROUND ME
나와 관계하는 현상계

나를 규정하는 것들

공간환경

일

I AM

개념환경

인간관계

라이프 스타일

1 조망

많은 정보와 생각과 감정이 뒤엉켜 있는 '나'를 정리하고 내 안에 축적된 정보와 에너지들을 밖으로 꺼내 조망합니다.

2 이해

탄생부터 현재까지의 인생에 어떤 상황과 조건이 형성되어 있는지 내 삶의 근거와 반복되는 패턴들을 성찰합니다.

3 욕망디자인

정리와 이해를 바탕으로 필요한 변화를 계획하고 나만의 활동모듈을 통해 주체적인 삶의 패턴을 디자인합니다.

쉽습니다. 고유한 내가 보통명사적 역할에 따른 바람을 가지고 있는 건 아닌지, 누군가 혹은 사회적 시선으로부터 억압받고 있는지도 살펴볼 수 있습니다. 특히 이 트랙의 욕망은 그러한 보통명사들의 정의Definition를 스스로 구현하고자 하는 것과 관련되어 있는 경우가 많습니다. '남자로서', '여자로서', '아들·딸로서', '부모로서', '인간으로서' 혹은 '나로서' 마땅히 해야 할 도리나 역할과 관련이 있습니다.

공간환경SPACE

두 번째 트랙은 나를 둘러싼 공간환경SPACE입니다. 내 존재는 특정한 시공간SPACE-TIME을 그 근거로 가지게 됩니다. 내가 사는 공간, 학교 또는 회사, 소비를 향유하는 쇼핑센터나 문화공간, 자연환경이나 인공환경 그리고 인터넷이라는 가상공간이 이에 해당합니다. 이런 공간에서 나는 어떤 방식으로 존재하고, 어떻게 상호작용을 하며 스스로에게 어떤 영향을 주고 있는지 살펴봅니다. 이 트랙은 내 욕망이 작용하는 공간적 범위를 나타내기도 하고, 내 역할을 규정하는 공간적 근거이자 배경이 되기도 합니다. 그러다 보니 나를 변화시키고 싶을 때, 가장 쉽게 실행할 수 있는 것이 공간의 변화이기도 합니다. 욕망의 탈주라는 용어처럼 공간의 경계를 넘어 다른 맥락의 공간으로 이동하게 되면, 공간과 엮여 있는 다른 트랙들도 분명 쉽게 변화합니다. 또한 장소나 공간에 대한 취향 혹은 소유욕과도 관련이 있습니다.

인간관계PEOPLE

세 번째는 나를 둘러싼 인간관계PEOPLE 트랙입니다. 사람은 태어나는 순간부터 반드시 누군가와 관계를 맺습니다. 가족, 친구, 동료 등 가까운 사람에서부터 먼 사람까지 나를 둘러싼 사람들과 영향을 주고받지요. 오프라인에서 알고 지내는 사람들뿐 아니라 온라인상에서도 매우 다양한 관계들이 만들어집니다. 이 트랙을 통해 '나와 너, 나와 우리'라는 관계망 속에서 나는 어떻게 살고 있는지 살펴볼 수 있습니다. 이 트랙에 해당하는 욕망은 내가 관계 맺은 집단 혹은 사회 시스템의 인정을 받는 것과 관련된 경우가 많습니다. 누구의 인정을 받고 싶은지, 왜 받고 싶은지, 그 인정을 위해 내가 어떤 태도를 가지고 어떤 행동을 하는지를 살펴봅니다.

라이프스타일LIFESTYLE

네 번째 트랙인 라이프스타일LIFESTYLE은 주로 나를 둘러싼 사물과 콘텐츠가 대상입니다. 우리는 생활 속에서 늘 무언가를 소비하고 경험합니다. 아침에 눈을 뜨면 밥을 먹고, 양치를 하고, 옷을 입고, 신발을 신고, 차에 탑니다. 영화를 보고, 음악을 듣고, 글을 읽기도 합니다. 내가 향유하고, 소유하고 싶은 것들을 통해 소유욕과 소비 욕구를 살펴보고, 그 근원을 고민해 봅니다. 또한 나의 취향도 살펴볼 수 있습니다.

개념환경 ISSUE&KEYWORD

다섯 번째 트랙은 보이지 않지만 나를 늘 둘러싸고 있는 개념환경 IS-SUE&KEYWORD입니다. 사람은 늘 무언가를 배우고, 생각하고, 고민하며 살아갑니다. 때로는 '생각'이라는 것이 내 의지와 상관없는 자율적인 생명인 듯 느껴지기도 합니다. 같은 공간환경에 있어도 서로 다른 개념과 신념을 가지고 있다면 다른 시대를 살고 있는 것과 같습니다. 과거에서 현재까지 중요하다고 생각했던 이슈들과 개념들은 과연 어떠한 환경과 과정을 통해 내 안에 자리 잡았을까요? 이러한 과정을 돌아봄으로써 내 안에 어떤 생각의 씨앗과 전제, 개념, 믿음이 있는지를 알아보고, 그것들이 내 삶에 어떤 영향을 끼치고 있는지 발견해 봅니다. '나를 규정하는 것들' 트랙과 더불어 추상적이지만 '나'라는 개념을 유지하는 데 있어서 결정적인 트랙이 개념환경입니다. 개념 대부분은 내가 만든 것이 아닙니다. 심지어 스스로 선택하지 않은 경우도 많기에 나와 나의 삶을 주도적으로 변화시키기 위해서는 상당히 많은 고찰이 필요한 트랙이라고 생각합니다.

일 WORKLIFE

여섯 번째 트랙은 일 WORKLIFE입니다. 우리는 경제활동이든 취미활동으로든 일을 합니다. 일을 통해 눈에 보이는 물건과 콘텐츠를 만들기도 하고, 노동 또는 서비스를 제공하기도 합니다. 공식적으로 하는 작업부터 개인 작업까지, 내가 세상을 향해 생산하고 창작하는 활동들을 살펴봅니다. 현실의 변화는, 몸을 통해 생각과 개념을 구체적 활동으로 발현시킴으로써 가능합니다. 인간은 끊임없이 신체를 통해 자신의 욕망을 표현합니다. 그중에서도 이 트랙은 생산적 · 창조적 방식으로, 자신의 욕망을 실현하기 위해 노력하는 의지적 행위와 관련되어 있습니다.

스스로에게 욕망을 질문하길 두려워하지 말 것

이 6트랙의 욕망은 개별적이면서도, '나'라는 개념을 유지하고 존재 가치를 인정받으며 자아를 실현하는 욕망으로 통합되어 있습니다. 인간을 자의식을 가진 삶-경험 기계로 정의한다면, 그 원동력은 욕망일 것입니다. 저는 인류가 6트랙의 공통 구조 안에서, 각자의 생물학적 특성과 초기의 결정적 경험과 조금씩 다른 현실적 변수들을 조합하며 저마다 고유한 방식으로 독특한 삶을 경험하는 것이라 생각합니다. 결국은 나로서, 나답게 주도적으로 살아가기 위해서는, 나를 규정하는 관계망 안에서 욕망이 나를 통해 어떻게 발현되는지, 그러한 방식은 어떻게 형성되었는지를 이해하면서, 내 선택의 가능성을 모색해 나가야 합니다. 그렇지 않다면 '나'는 점점 질문과 성찰을 멈추고, 누구의 것인지도 모른 채 외부 환경이 주어지는 맥락에 조건반응 하는 반응체로서 삶의 시간을 흘려보내게 될지도 모릅니다.

당신은 욕망의 주체자인가, 아니면 반응체인가

    저는 세상의 모든 존재가 '욕망계'라는 네트워크에서 개체화되어 존재하며, 각각의 존재들은 욕망의 흐름에 따라 특정 관계로 형성된다고 생각합니다. 즉, 각각의 존재들은 욕망의 매개체로서 형상화되고 표현되는 것이지요.

'나'라는 존재를 세 가지 차원으로 분석하기

    내가 몸인지, 몸이 내 것(나는 몸을 가지고 있다 혹은 몸은 나를 구성하는 요인 중 하나다)인지에 대해서는 각자 생각이 다를 수 있습니다. 마찬가지로 욕망이 내 생각과 감정을 거쳐 몸을 통해 표현되고 있다는 것을 인지하고 있더라도, 욕망이 내 것인지, 나와는 별개의 존재인지에 대해서는 다양한 해석이 가능할 것입니다. 그러한 해석의 전제로서 욕망이 발현되는 '나'에 대하여 이 책에서는 1) 생물학적인 몸 '육체적 나BODY-ME' 2) 맥락에 따라 변화하며 발현되는 복수의 '개념적 나EGOs(에고들)' 3) 관계망 안에서 맥락적으로 규정되기 이전의 '존재감으로서의 나I-AM(나-존재)'라는 세 가지 차원의 구조로 정의하려고 합니다. 욕망을 분석하는 과정에서, 욕망이 발현되는 매개체 혹은 주체가 이 셋 중 어느 위계에 속한 것인지를 인지해 보면 도움이 될 것입니다. 내가 원하고 성취하고 만족을 느꼈을 때나 실패하고 좌절했을 때, 그것들이 어디에서부터, 어떻게 비롯되는지를 파악하는 데 있어 욕망만큼 현실적이며 구체적인 것은 없습니다. 왜냐하면 욕망이 나를 통해 발현될 때는 원하는 '대상'과 내가 하는 '활동'이 함께 존재하기 때문에, 구체적인 활동과 대상을 통해 욕망을 분석해 볼 수 있으며, 삶의 방향성 역시 이들을 통해 구체적으로 설정해 볼 수 있습니다.

'주체적 삶을 위해서 욕망의 제어자(컨트롤러)가 될 것인가, 욕망이 나를 지배하게 할 것인가?' 하는 문제는, 어떤 나에 집중할 것인가, 어떤 관점과 원리로 욕망을 해석하고 반응할 것인가를 결정하는 것이기도 합니다.

6트랙의 맥락과 연결된 욕망의 중력에 한없이 끌려다니는 나로 살 것인가, 관계망의 중력권에서 조금 벗어나 집착을 내려놓고 상황을 있는 그대로 관찰하고 인지하며 판단할 것인가의 문제입니다. 또한 관계적으로는 마주한 욕망의 대상이나 원인의 어떤 부분에 집착하는지를 인지하는 기준점이자 방법이 될 수 있을 거라고 생각합니다.

다소 명상적이라 할 수 있는 이 방법을 통해, 나와 우리 사회가 겪고 있는 다양한 욕망의 문제를 한 번에 해결하거나 이해하기는 힘들 것입니다. 그렇다고 해서 각자가 할 수 있는 일을 놓아 버릴 수도 없지요. 결국은 내 삶이고,

나를 통한 욕망입니다. '나'의 욕망들이 하나의 벡터(방향성을 가진 힘)로서 모이고 모여 거대한 인류 역사의 방향성을 만들어 내고 있으며, 시시각각 변화하고 있다는 상상을 해봅니다. 내적 세계에서 벌어진 결정들이 욕망과 의지라는 에너지를 통해 세상과 마주하면서 외부 세계와 조응하게 되는 이 과정은, 이 세계에서 나의 기질적 특성과 한계를 개성으로 승화시키고 나의 존재를 가치 있게 만드는 과정이자 이유가 될 것입니다. 각자의 욕망 우주가 세계와 만나는 범위들이 모여 우리가 함께 살아가는 거대한 우주가 형성되고, 상시 변화하는 '나'들의 삶이야말로 인류가 행하는 가장 위대한 일이기를 바라봅니다.

욕망은
구체적이다

욕망은 나를 통해 영향력을 형성합니다. 내가 하는 행위가 세계적으로, 우주적으로 영향을 끼친다고 할 수도 있겠으나 그 작용은 극히 미미합니다. 욕망이 영향을 미치는 범위는 나의 인식 세계, 인식 범위의 한계로 결정되기도 합니다. 현실 세계든, 가상공간이든 나와 관계 맺는 대상들은 물리적으로 한정되어 있습니다. 우주 저편에 있는 거대한 블랙홀이라도 우리 삶에 직접적인 영향을 주지 못하는 것처럼 말입니다.

관계가 형성된 범위 내에서만 서로 영향을 줄 수 있으며, 영향이 미치는 한계는 곧 실질적 관계가 됩니다. 욕망은 무의식적 과정을 통해 개인이 지각하는 범위를 따라 관계를 형성합니다. 누군가를 보고 첫눈에 반했을 때를 떠올려보세요. 그 사람에게 푹 빠지겠다고 이성적으로 결정한 후에 반하게 되었나요? 욕망은 내 몸을 통해 모습을 드러내어 낯선 타인에게 호감을 느끼게 합니다. 그러고 나면 의식이 작동해 고민을 시작합니다. 말을 걸어야 할까? 어떻게 마음을 전하지? 여기서부터는 기질적 특성에 따라 욕망을 풀어

가게 됩니다. 호불호가 나도 모르게 형성되는 일은 일종의 무의식적 욕망의 메커니즘 때문입니다.

인간은 생물학적인 몸을 가지고, 내면에서 감정을 느끼고, 생각을 통해 추상화하는 작업을 합니다. 몸을 가지고 있기에 생리적인 욕구를 느끼고, 생존을 유지하려 합니다. 또한 감정과 이성을 통해 외부 대상들을 추상화하고 개념화하면서 요구와 욕망을 느낍니다. 그리고 다시 몸을 통해 그것을 실현하고 충족시키려 다양한 활동들을 수행합니다.

생물학적으로 주어진 몸의 기질적 특성과 생의 초반부에 형성된 성격의 초기 특성에 따라 잘 변화하지 않는 부분들도 있습니다. 그러나 시간의 흐름에 따라 몸과 마음이 성장하고, 경험도 축적되면서 욕망 충족에 대한 방식들이 변하기도 합니다.

틀 안에 갇혀 있던 나를 깨우는 욕망

至道無難 唯嫌揀擇지도무난 유혐간택. 승찬대사의 《심신명心信銘》의 첫 문장입니다. '지극한 도는 어렵지 않으니 오직 좋고 싫고를 미리 판단하지 않으면 된다'라는 뜻입니다. 그러나 빠른 판단으로 정답을 찾는 것에 익숙해져 버린 현대인들은, 옛 성현들이 말하는 도道는 고사하고 판단하느라 바쁜 나머지 자신만의 감성으로 새로움을 발견하는 기쁨을 잃어가는 것 같습니다. 어쩌면 우리는 욕망으로부터 자유로워져야 하는 대상이 아니라, 욕망이라는 열

쇠를 이용해 스스로가 만들어 놓은 개념이라는 감옥에서 탈출해야 하는 것이 아닐까 하는 생각이 듭니다.

욕망을 통해 삶의 방향을 잡을 수만 있다면, 욕망은 삶이라는 모험을 더욱 새롭게 하고 발견의 기쁨으로 채워주는 방향타가 되어줄 것입니다. 세상에는 미리 계획하지 않으면 여행을 떠나지 못하는 사람도 있고, 무작정 떠나서 새로움을 발견하며 그 시간을 즐기는 사람도 있습니다. 아무리 철저한 계획을 세워도 돌발 상황은 늘 생기고, 무작정 떠나도 생고생을 합니다. 모든 여행에는 매번 새로운 이유와 구체적인 맥락이 존재합니다. 따라서 우리는 늘 하던 방식이나 남들이 많이 하는 방식이 아닌, 그 여행을 매번 새롭게 해석하고 나의 상태와 처한 환경을 고려하며 경험하고 싶은 방식을 매 순간 선택해야 하는 게 아닐까요? 그것이 나와 욕망이 조우하는 순간이며, 나를 스스로 인정하는 것이라 생각합니다.

왜 욕망은 구체적인가

욕망은 추상적이지 않고 구체적입니다. 내가 오늘 마시고 싶은 커피는 '커피 맛이 전부 거기서 거기지'의 커피가 아닙니다. '어떤' 특정한 공간에서 '누가' 내려 주는, 누구와 '함께' 아니면 '혼자서 여유롭게'와 같은 구체적인 그림을 가지고 있습니다. 구체적이지 않은 욕망은 소비하는 욕망입니다. 내가 주체로서 무엇을 바라는지를 점점 잃어가는 것이라 할 수 있습니다. 인간의 삶은 몸이라는 구체적인 살덩이를 통해야만 가능한 것입니다. 그런데 그 몸을 통해 발현되는 욕망 에너지를 잘 느낄 수 없다면, 그만큼 생명력이 약해졌다는 것을 의미하지 않을까요?

'인생도서관'에서 다양한 사람들과 대화하며 알게 된 것은, 적지 않은 분들이 '잘해야 한다'라는 강박에 시달리고 있다는 것입니다. 코칭의 회차가 늘어갈수록 '잘해야 한다'에서 '그냥 하고 싶다', '하니까 즐겁다'로 변해갑니다. 사람들의 안색과 표정이 함께 달라지는 것을 보며 감사한 마음도 들지만, 주도적으로 욕망을 수용하고 시도한다는 것이 주는 기쁨을 학교에서부터 체득했더라면 어땠을까 하는 마음도 듭니다.

조금 더 일찍 자신이 바라는 것을 시도하고 연습할 수 있는 시간이 주어진다면, 무엇을 하든 당당하게, 조금 더 생기 있고 유연하게, 세계와 소통하며 자신의 삶을 살아가는 사람들이 늘어날 것입니다.

욕망계를 탐사하는
3단계

《욕망 질문》은 나를 통해 표현되는 욕망계를 탐사하는 자신만의 탐험기록지입니다. 욕망의 대상과 활동을 스스로 명확하게 인지하고, 욕망이 벌어지는 나의 구조를 신체, 의식적 주체로서의 에고(들), 맥락으로부터 자유로운 존재자로서의 나라는 세 가지 측면으로 나누어 정리해 보며 나와 내 삶의 관계망을 이해합니다.

몸을 기준으로 욕망을 쓰는 것은 당연한 일입니다. 신체적 욕망 중 생존과 관련이 있는 부분은 반드시 충족되어야 하지요. 그렇지 않으면 나라는 존재 자체가 사라져 버립니다. 신체에 붙어 있는 욕망을 나쁘다거나 저급하다고만 할 수는 없습니다. 몸이 없으면 이런 논의 자체도 무의미합니다.

몸의 욕망이 충족되고 나면 추상적 에고들이 경쟁합니다. 권력 체계 안에서 약육강식으로 경쟁하며 나만 인정받고, 나에게 온 애정을 쏠리게 하는 것을 목표로 하는 욕망의 양상이 벌어집니다. 양심은 나도 좋고, 남도 좋은 상호적인 욕망 사용이라고 볼 수 있지요. 내적 세계를 전체적으로 조화롭게 경영합니다. 인간은 욕망을 어떻게 활용할 것인지 의식적으로 선택할 수 있습니다.

　욕망 에너지를 사용하는 방식은 사람마다 다릅니다. 아무리 뛰어난 양심을 부린다고 해도 신체를 만족시키지 못하면 생의 근거가 흔들립니다. 에고는 적당한 인정이 필요하며 타인을 해치지 않는 양심적인 방법을 찾아 그 욕망을 충족해야 합니다. 몸과 에고, 양심이 따로 떨어져 있는 별개라고 생각하기 쉽지만 셋은 함께 연결되어 있습니다.

　저는 이 책을 통해 내가 '나'로서 살아가는 관계적 삶의 근원이 되는 에너지로서 욕망이 구체적인 욕망 대상과 어떻게 연결을 구축하는지, 욕망과 대상의 관계를 통해 내 존재와 삶이 어떻게 형성되고 변화해 가는지 근원을 거슬러 올라가 보려 합니다. 또한 삶의 관계망 안에서 욕망 에너지의 구체적 대상을 창조적으로 재배치함으로써 자유를 향한 가능성을 모색하려 합니다.

204개의 질문을 통해 현재 나의 욕망 알아보기

　2부에 있는 204개의 질문은 내 삶의 관계망 안에서 내가 어떤 대상들을 욕망하는지, 어떤 활동들을 하면서 욕망을 발현시켜 왔는지를 살펴봅니다. 추상적이고 개념적인 욕망이 아니라 나를 거쳐 가는 6트랙의 관계망에서 구체적인 욕망 메커니즘의 역사를 하나씩 꺼내어 서술해 보는 발굴 작업을 합니다. 하나씩 써 내려가다 보면, 우리의 내적 세계에서 가장 은밀하고도 근원적인 욕망을 서서히 마주할 수 있을 것입니다. 그리고 그동안 이해하기 어려웠던 내 모습들을 긍정해 나갈 수 있을 것이라 기대합니다.

욕망을 분석하고, 정의 내리고, 설계하기

3부에서는 욕망을 구체적 대상과 활동으로 나누어 정리하고, 다양한 기준과 프로세스를 통해 시각적으로 분석하는 작업을 거쳐, 내 욕망을 정의 내립니다. 이 과정을 통해 그동안 막연하게 느껴왔던 욕망이 내 삶에서 어떤 의미를 갖는지를 조금은 더 선명하게 인지할 수 있을 것입니다. 욕망디자인 장에서는 앞으로의 삶에서 욕망을 의지로 통제하는 것이 가능한지 살펴봅니다. 추상적 욕망을 어떻게 구체적 대상과 활동 모듈로 변화시켜 재배치할 수 있는지 '나'라는 욕망 구조물을 디자인해 봅니다. 추상적이고 개념적인 이해가 아닌, 내 삶의 맥락을 통해 구체적으로 분석된 욕망 요소들을 내 몸, 내 성격의 기질적 특성들과 연계하여 조금씩 내 의지와 나만의 방식으로 현실화하다 보면 내가 바라거나, 바란다고 믿는 것, 실현되지 않는 것 사이에서 고통을 느끼는 상황을 점점 뚜렷하게 인지할 수 있습니다. 그리고 조금씩 벗어날 수 있는 방향성을 스스로 찾아갈 수 있을 것입니다. 더불어 누군가의 욕망에 따라 내 삶이 소비적 방식으로 사용되는 것을 넘어서, 주도적이고 창조적 자아실현이 가능해지리라 희망합니다.

마음껏 솔직해지는 시간

전작 《인생질문》에서 '삶을 인류의 공통프로젝트 프로젝트 라이프'라는 개념으로 정의하고, '나는 누구인가?', '나와 세계와의 관계는 무엇인가?'라는 질문에 대해 구조적으로 살펴보았다면, 《욕망 질문》에서는 그 구조 안에서 '나는 무엇을 왜 원하는가?'와 '원하는 것을 어떻게 실현할 수 있는가?'에 대한 과정을 탐구해 보고자 합니다.

욕망 질문에는 답이 없다

《욕망 질문》에는 '정답'이 없습니다. 남들의 대답을 엿보며 힌트를 얻으려 해도 나의 맥락과는 크게 관계가 없을 것입니다. 그러니 스스로에게 궁금증을 가지고 마음껏 솔직해지는 시간을 가지시길 바랍니다. 꼭꼭 묻어두고 싶은 욕망이 튀어나온다 해도, 판단과 필터링을 잠시 미루시고 호기심 어린 눈으로 스스로를 바라보며 새로운 나를 발견하는 기쁨을 즐겨보시길 당부드립니다.

욕망이나 과거의 사건들에 대해 기존의 잣대나 타인의 시선을 잠시만 내려놓으면 어느새 삶이 나만의 색으로 풍요롭게 변해가는 것을 느낄 수 있습니다.

곤란한 질문은 키워드로 기록하기

질문에 대한 답을 한 번에 써 내려가기 힘드신 분들은 처음에는 추상적이더라도 키워드로 적어 보시길 바랍니다. 하나의 단어에서 점차 관련된 상황과 대상, 활동으로 연결되어 점점 구체적으로 될 때까지 여러 번에 거쳐 써 보시기를 권합니다. 그리고 하나의 욕망이 꼬리에 꼬리를 물고 다른 욕망으로 변화해 가는 과정들을 잘 지켜보세요. 나를 담담하게 지켜봐 주는 관찰자의 마음으로 질문에 모두 답했다면 언제든지 자신만의 해석틀을 만들어 새로운 질문을 스스로에게 던져봅니다.

당신의 프로젝트는 무엇인가요?

인생이 하나의 프로젝트라면 우리는 삶-경험을 축적하는 휴먼라이프폼 HUMAN-LIFE-FORM으로서 이 우주 혹은 이 지구를 프로젝트 현장SITE으로 삼고 있습니다. 과연 그렇다면 삶이라는 이 프로젝트의 목표는 무엇일까요? 누군가는 인류 공통의 목표도 정해볼 수 있겠지만, 각자의 프로젝트 정의에 따라 분명 목표도 달라질 것입니다.

저는 프로젝트 라이프가 각자 '나'의 몸으로 이 시공간에 기록을 남기는 의식적 행위라고 생각합니다. 욕망을 느끼는 것도 욕망이 표현되는 수단도 몸이라는 것을 잊지 마세요. 204개의 질문을 통해 얻게 된 욕망에 대한 깨달음을 각자의 몸에 자신만의 독특한 활동 패턴으로 구체화하여 실천하시길 바랍니다. 이제 마음의 준비가 되셨나요? 그럼 꿈틀대는 욕망 우주 속으로 여행을 시작하겠습니다.

2부
욕망을 발견하게 할 질문들,
당신을 움직이게 할 열쇠

2부는 6트랙 관계망에서 내 욕망 활동을 통하여 자신을 이해해 봅니다. 나를 규정하는 6트랙에 따라 내가 각 트랙의 대상을 어떻게 욕망하는지, 어떤 활동들로 욕망을 충족시키는지, 내가 원해왔던 것들과 나의 반응의 역사를 고찰해 보는 것이지요. 추상적이거나 막연한 키워드들로부터 시작해서 사건의 세부적인 사항을 외적 대상, 나의 감정, 생각 그리고 실제 외적으로 드러난 활동과 상대의 반응에 이르기까지 구체적으로 서술해 보세요. 막연했던 욕망이 나를 통해 어떤 모습으로 드러나고 있는지, 조금씩 그 실체를 인지하실 수 있을 것입니다.

우리는 늘 무언가를
갈망하고 있다

내가 살아 있다는 것은 내가 무언가를 갈망하고 있다는 뜻입니다. 욕망은 우리를 이끄는 강한 힘이지만, 그 힘이 어디서 비롯되었고, 우리 삶에 어떤 의미를 주는지 차분히 들여다보는 일은 그리 쉽지 않습니다. 욕망은 단순한 바람이나 갈망을 넘어 '내가 누구인지, 무엇을 중요하게 여기는지'를 나를 통해 드러냅니다. 2부에서 만나게 될 질문들은 그 동안 깊이 생각해 보지 못한 내면의 이야기를 꺼낼 기회를 줄 것입니다.

이 질문들이 당신에게 어떤 의미를 줄지, 질문의 답을 찾아가는 여정 속에서 무엇을 발견하게 될지는 온전히 자신에게 달려 있습니다. 이 책은 자신과의 대화를 위한 공간입니다. 답을 찾는 데 서두르지 말고, 충분한 시간을 가지며, 질문이 불러일으키는 생각과 감정을 천천히 음미해 보세요. 답이 바로 떠오르지 않아도 괜찮습니다. 그 질문에 대한 답을 생각하는 시간은 당신의 현재 마음과 내면을 돌아보는 기회가 될 수 있기 때문입니다. 처음에는 답이 명확하지 않더라도, 다른 질문들을 통해 자연스럽게 연결된 답이 모습을 드러낼 수도 있습니다. 이 과정은 내 마음속에 나 있는 다양한 길을 발견하고, 스스로에 대한 통찰을 얻는 깊이 있는 성찰의 여정이 될 것입니다.

당신의 욕망을 회피하지 말 것

욕망을 이해하는 일은 나를 이해하는 중요한 방법 중 하나입니다. 현재 내가 원하는 것들은 어쩌면 어린 시절 들었던 칭찬이나 우연한 동경에서 비롯된 것일지도 모릅니다. 하지만 이것이 욕망의 원인이었구나 하고 단정 짓기보다는, 이런 계기들을 통해 내 삶의 방향성이 어떻게 형성되었는지 스스로에게 차분히 질문해 보세요. 과거에 품었던 바람들이 시간이 흐르며 어떻게 변화했는지 또는 왜 여전히 유지되고 있는지를 살펴보다 보면, 욕망은 단순한 일시적 충동이 아니라 우리의 가치관과 삶의 방향을 형성하는 중요한 근거들과 연결되어 있다는 것을 깨닫게 될지도 모릅니다.

욕망은 우리의 내적 세계에 깊숙이 자리 잡은 중요한 동력으로, 지극히 개인적이지만 사회적 맥락이나 관계 속에서 많은 영향을 받습니다. 우리가 속한 사회와 관계들이 우리의 욕망을 형성하고 변화시킬 수 있습니다. 내적 욕망이 외부 세계로 펼쳐지면, 6트랙의 다양한 대상들과의 상호작용 속에서 다양한 양상으로 표현됩니다. 물질적 성취를 원하는 경우도 있고, 관계망에서의 안정감과 인정을 원할 때도 있습니다. 대상과 활동을 출발점 삼아 내적 세계와 외적 세계의 연결성을 찾아가다 보면, 삶의 궤적 안에서 자신의 다양한 측면들을 발견하게 될 것입니다. 그러한 욕망 인식과 의미에 대한 깨달음은 앞으로의 선택에 주요한 근거가 되어줄 것입니다. 이 과정에서 무엇보다 중요한 것은 자신에게 솔직해지는 것입니다.

질문들에 답하면서, 그 너머에 숨겨진 또 다른 의미를 발견하시기를 바랍니다. 각 질문에 내포된 함의를 되새겨 가며, 그 질문이 어떤 내적 감각을 불러일으키는지 느껴보세요. 단순히 답을 찾는 것이 목표가 아니라, 답을 향해 나아가는 과정 자체가 의미 있는 여정임을 기억해 주세요. 이제 당신의 욕망이 당신의 삶을 어떻게 이끌어 왔는지 찬찬히 마주할 시간입니다.

나를 규정하는 것들

첫 번째는 나를 규정하는 것들ME-INFO 트랙입니다. 물리적으로 나를 규정하는 몸, 생물학적 성별부터 사회적으로 규정된 역할이나 캐릭터, 나를 나타내는 다양한 보통명사들이 이 트랙에 해당합니다. '남자로서', '여자로서', '자식으로서', '부모로서' 등 보통명사적 역할을 수행하기 위해 마땅히 해야 할 도리와 개념들을 지키느라 고유한 나의 욕망을 발현하는 데 걸림돌은 없는지 살펴봅니다. 사회적 정체성과 나의 욕망은 어떤 관계가 있을지 찾아보세요.

Q.01

내 이름(고유명사)을 설명하는 다양한 보통명사를 시간순으로 적어 보세요. 이 중 내가 진짜 원했던 것과 아닌 것을 구분해 보세요. 내가 원했던 것이 아닌 역할이나 이름은, 누가 원하는 것이었나요?

Q.02

내가 죽은 후에 사람들이 나를 어떤 사람으로 기억하길 바라나요? 다른 사람들이 생전의 내 모습을 기억하는 것이 지금 나에게 중요한가요? 왜 중요한가요?

Q.03

현재의 나에 대한 불만들을 구체적으로 적어 보세요.

Q.04

과거의 나 혹은 과거의 삶을 스스로 부정했던 경험이 있나요? 왜 그랬나요?

Q.05

유명한 사람이 되고 싶었던 적이 있었나요? 유명하다는 것을 어떤 방식으로 느끼고 싶나요? 유명함이 내 삶에 어떤 영향을 줄 거라고 기대하나요?

Q.06

내 색깔이 가장 잘 드러나는, 나를 잘 표현하는 역할이나 행위가 있나요?

Q.07

내가 수행하고 있는 역할을 잘하는 것, 잘하고 싶은 것, 좋아하는 것으로 구분해 보세요.

잘 하는 것

잘 하고 싶은 것

좋아하는 것

Q.08

동일한 역할이어도, 내가 원하는 방식이 사람들이 원하는 것과 다르다고 느낀 적이 있나요? 내가 원하는 방식은 무엇이었고, 언제 형성되었나요?

나를 규정하는 것들

Q.09

원하는 일을 외부 상황 때문에 포기한 적이 있나요? 그 당시의 상황과 포기한 이유는 무엇인가요?

Q.10

나만의 특이한 점은 무엇인가요? 사람들은 이것을 잘 알고 있나요? 그렇지 않다면, 왜 이해하지 못할까요? 지구상에 나와 똑같은 특이점을 가진 인간의 비율은 얼마나 될까요?

Q.11

내 신체 중 타인이 많이 봐주기를 바라는 부위와 가급적 남들에게 보여주고 싶지
않은 부위를 적어 보세요. 그 이유는 무엇인가요?

Q.12

'나답게 산다는 것'을 정의 내려 보세요. 어떻게 살아야 나다운 것인가요?

나를 규정하는 것들

Q.13

내 성격을 설명하는 단어들을 적어 보세요. 이 중 타고난 성격을 표시하고, 그 후에
마음에 들지 않는 것을 표시해 보세요. 왜 마음에 들지 않나요?

Q.14

'사람답게 산다는 것'을 정의해 보세요. 어떻게 살아야 사람답게 사는 걸까요?

Q.15

내 이름을 걸고 하고 싶은 일이 있나요? 그 일은 어떤 의미인가요?

Q.16

'나는 이런 사람입니다'라고 주로 설명하는 시나리오가 있나요? 그 내용은 시간에 따라 어떻게 변했나요? 변하지 않는 내용은 무엇인가요?

Q.17

나는 만족을 어떻게 느끼나요? 시각, 촉각, 청각, 생각 등 자신만의 방식과 비중을
적어 보세요.

Q.18

나를 설명하는 명사나 별명 중에 직접 짓거나 선택한 것이 있나요? 현재의 나를
잘 설명해 주는 호칭을 직접 만들어 보세요.

Q.19

지금 주변 사람들에게서 어떤 평가를 듣고 싶나요?

Q.20

어떤 상황이 가장 견디기 힘든가요? 그때 가장 바라는 것은 무엇이며, 그 상황에서
벗어나기 위해 어떤 행동을 하나요?

나를 규정하는 것들

Q.21

타인에게 인정받고 싶은 욕구가 완전히 사라진다면 내 삶은 지금과 어떻게 달라질까요? 그렇다면 앞으로 어떤 삶을 살게 될까요?

Q.22

이번 생애에서는 인정받지 못하더라도 꼭 이루고 싶은 목표가 있나요? 왜 그 목표를 성취하고 싶은가요?

Q.23

나의 개성은 내 성격의 어떤 부분에서 발생하나요? 내 성격 중 바꾸고 싶은 것은
무엇인가요?

Q.24

스스로가 바라는 이상적인 성격(내면적 특질)들을 적어 보세요. 그러한 특질들을 모두
갖추려면 현재 무엇을 변화시켜야 할까요? 구체적인 실행 계획을 만들어 보세요.

Q.25

만족스럽고 행복 지수가 높아질 때, 누군가 나를 위해 희생하거나 참고 있다고 생각해 본 적 있나요? 실제로 그런 상황을 알게 된 적이 있나요?

Q.26

인간으로서 존엄성을 지키기 위해 필요한 것을 적어 보세요.

Q.27

어떤 변화 속에서도 흔들리지 않고 나를 이끌어 온 욕망은 무엇이었을까?

Q.28

나의 정체성이 나의 욕망과 맞닿았다고 느낀 순간은 언제인가요?

나를 규정하는 것들과 관련된 욕망의 주요 대상 혹은 활동을 도표에 적고 순위를 정해 보세요.

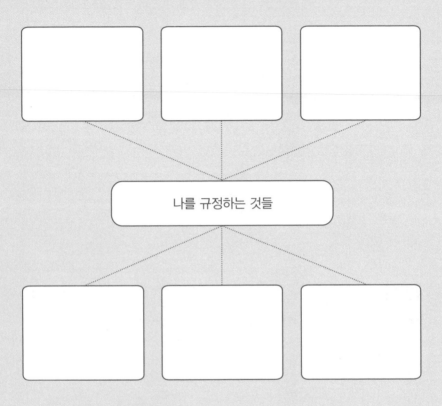

내 생각과 감정을 정리해 보세요.

나를 규정하는 것들과 관련된 욕망에 대한 생각

....

....

나를 규정하는 것들과 관련된 욕망에 대한 감정

....

....

이번 트랙에서 발견한 당신의 욕망을 적어 보세요.

나를 규정한 것들에 관련된 욕망을 실현하기 위해 실현 가능한 행동이나 일상에서의 변화를 적어보세요.

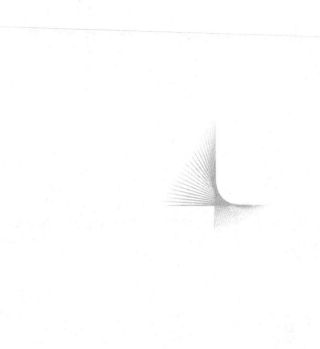

공간환경

내가 사는 공간, 학교 또는 회사, 소비를 향유하는 쇼핑센터나 문화공간, 자연환경이나 인공환경 그리고 인터넷이라는 가상공간들이 이 트랙에 해당합니다. 이 공간에서 나는 어떤 상태로 존재하고, 어떻게 상호작용하며 나와 남들에게 영향을 주고 있는지 살펴봅니다.

이 트랙은 욕망이 작용하는 공간적 범위를 나타내기도 하고, 나의 역할을 규정하는 공간적 근거이자 배경이 되기도 합니다. 또한 장소나 공간에 대한 취향 또는 소유욕과도 관련이 있습니다.

Q.01

자연과 세상이 내가 필요한 모든 것을 충족시켜 준다면 내 삶에 어떤 변화가 생길까요?

Q.02

지구를 유한한 자원이라 여기면서 자원 부족에 대해 걱정해 본 적이 있나요?

Q.03

'나도 이런 공간이 있었으면 좋겠다'라고 생각한 곳이 있나요? 왜 그 공간이 부러웠나요?

Q.04

소셜미디어 공간에서 어떤 유형의 사람을 팔로우하나요?

Q.04

가상공간에서의 나는 어떤 사람인가요? 어떤 콘텐츠를 올리고, 어떤 이미지를 만들고 있나요?

Q.06

이 세상이 불합리하거나 불공평하다고 생각해 본 적 있나요? 왜 그렇게 생각했나요?

Q.07

욕망을 마음껏 드러내도 되는 공간과 그렇지 않은 곳의 경계나 기준이 있나요? 그 기준은 어떻게 형성되었나요?

Q.08

욕망을 마음껏 드러내고 실행해도 어떤 처벌도 받지 않는 공간이 있다면 무엇을 하고 싶나요?

Q.09

특정 시점으로 갈 수 있다면 가 보고 싶은 시대가 있나요? 현재의 삶에서 충족시킬 수 없는 어떤 경험을 원하나요?

Q.10

혼자만의 공간(혹은 매우 사적인 공간)에서 벌어지는 행위 중, 남들에게 절대 알려지면 안 되는(들키고 싶지 않은) 것은 무엇인가요?

Q.11

현실의 나와 가상공간의 나는 욕망 표출 정도와 표현 방식에 차이가 있나요? 그 차이점을 모두 적어 보세요.

Q.12

욕망을 채우기 위해 충동적으로 방문하는 공간이 있나요?

Q.13

다른 시대에 태어났더라면 좋았을 텐데 하는 생각을 해본 적이 있나요? 현재가 좋다면 그 이유는 무엇인가요?

Q.14

이 세상에 도움이 되거나 긍정적인 영향을 끼치고 싶다고 생각해 본 적 있나요? 어떤 일이나 행위를 통해 어떤 도움을 주고 싶나요? 이런 생각을 하게 된 이유는 무엇인가요?

Q.15

미래를 떠올릴 때 두려움을 느낀 적이 있나요? 무엇이 두려웠나요? 그 상황을 피하기 위해서는 어떤 준비가 필요하다고 생각했나요?

Q.16

이 세상에 존재하는 것만으로도 감사했던 순간이 있나요? 지금도 그런가요? 그렇지 않다면 그 이유는 무엇인가요?

Q.17
내 마음대로 해도 되는 공간이 있다면 어떻게 꾸미고 싶나요?

Q.18
지금 나에게 필요한 최소한의 공간은 어떤 모습일지 상상해 보세요.

Q.19

국가가 모든 국민에게 생존에 필요한 최소한의 공간을 보장한다면 몇 평이 적당할
까요? 왜 그렇게 생각하나요?

Q.20

타인에게 방해받고 싶지 않은 나만의 공간이 있나요? 그런 공간을 공유할 수 있다
면 누구와 함께하고 싶은가요?

Q.21

살고 싶은 지역이나 동네가 있나요? 왜 그곳에서 살고 싶은가요?

Q.22

지금 사는 집은 마음에 드나요? 만족스러운 점과 불만족스러운 점을 자세히 적어
보세요.

Q.23

어떤 제약 없이 당장 여행을 떠날 수 있다면, 어디로 가고 싶은가요? 여행 기간은
어느 정도가 좋을까요?

Q.24

여행지에서 가장 하고 싶은 활동은 무엇인가요? 현재의 삶에서도 그 활동을 주로
하는 편인가요? 그렇지 않다면 그 이유는 무엇인가요?

Q.25

내 주위에서 영원히 사라지게 하고 싶은 것이 있나요? 그것들이 사라지고 나면 내 삶이 어떻게 달라질 것이라고 기대하나요?

Q.26

나만의 집을 짓는다면, 어디에 짓고 싶나요? 어느 정도의 크기와 어떤 구조이길 바라나요? 또 집 주변에 어떤 시설(상점, 도서관 등)이 있으면 좋을까요?

Q.27

내 소유의 건물이 있다면 몇 층 건물이길 바라나요? 그 건물을 내가 사용한다면 어떤 용도로 활용하고 싶은가요? 혹은 입점시키고 싶은 것이 있나요?

Q.28

만약 내가 건물주라면 세입자에게 평당 월세를 얼마 받기를 원하나요?

Q.29

다른 나라에서 태어났으면 좋겠다고 생각한 적이 있나요? 그 나라에서는 무엇이
다르길 기대하나요?

Q.30

내 공간을 소유한다는 것은 어떤 의미인가요?

Q.31

팬데믹 기간에 가장 안전하다고 느낀 공간은 어디였나요? 그 공간이 나에게 안정감을 준 요소는 무엇이었나요?

Q.32

내가 가장 나답고, 평온함을 느낄 수 있는 공간은 어디인가요? 혹은 어떤 공간이었나요?

Q.33

이 세상은 점점 살기 좋은 세상이 되어가고 있나요? 아니면 반대인가요? 이유를 구체적으로 적어 보세요.

Q.34

지구에서 벌어지는 모든 일들이 내 안에 있는 욕망이 표출된 것이라고 느껴 본 적 있나요? 혹시 이런 것들 중에서 없애고 싶은 것이 있나요?

Q.35

지금의 내 욕망을 5평 공간 안에 담아야 한다면 어떤 모습으로 표현될까요?

Q.36

내가 꿈꾸던 완벽한 공간이 현실로 이루어진다면 내 삶은 어떻게 달라질까요?

공간환경과 관련된 욕망의 주요 대상 혹은 활동을 도표에 적고, 우선순위를 정해 보세요.

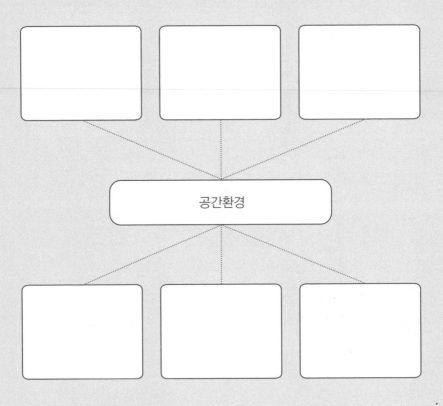

내 생각과 감정을 정리해 보세요.

공간환경과 관련된 욕망에 대한 생각

공간환경과 관련된 욕망에 대한 감정

이번 트랙에서 발견한 당신의 욕망을 정리해 보세요.

공간환경과 관련된 욕망을 실현하기 위해 실현 가능한 행동이나 일상에서의 변화를 적어 보세요.

인간관계

태어나는 순간부터 사람은 누군가와 반드시 관계를 맺습니다. 가족, 친구, 동료 등 가까운 사람부터 막연히 알고 지내는 사람까지 나를 둘러싼 사람들과 영향을 주고받지요. 이 트랙에서는 나와 너, 나와 우리의 관계망 안에서 나는 어떻게 살고 있는지 살펴봅니다.

이 트랙의 욕망은 내가 관계 맺은 집단 혹은 사회 시스템의 인정을 받는 것과 관련이 있는 경우가 많습니다. 누구에게, 왜 인정받고 싶은지, 그 인정을 위해 내가 어떤 행동을 하고 있는지 살펴봅니다.

Q.01

존재하는 것만으로도 감사한 사람이나 생명이 있나요?

Q.02

존재하는 것만으로 좋아하는 것을 넘어서, 구체적인 행위나 교환을 바랄 때가 있
나요? 그렇다면 그 행위는 어떤 것들인가요?

Q.03

내 마음대로 사람을 조종할 수 있다면, 누구를 어떻게 조종하고 싶나요?

Q.04

주변 사람들로부터 어떤 점에서 인정받을 때 가장 큰 기쁨을 느끼나요? 느끼는 기쁨의 크기에 따라 순서대로 적어 보세요.

Q.05

욕망을 마음껏 드러내도 되는 사람과 그렇지 않은 사람의 경계나 기준이 있나요?
그 기준은 어떻게 형성되었나요?

Q.06

경쟁을 통해 쾌감을 느낀 적이 있나요? 어떤 경쟁이었나요? 나는 경쟁을 즐기는
사람인가요?

Q.07

어떠한 인정도 받지 못한다고 느낀 적이 있나요? 정말로 그랬나요?

Q.08

내 욕망에 가장 큰 영향을 준 사람은 누구인가요? 결정적인 사건이나 계기를 적어 보세요.

Q.09

부모님과의 관계에서 내가 가장 원하는 것은 무엇인가요? 이 관계에서 충족되지 않은 욕구들이 있었나요? 시기별(10대~50대)로 적어 보세요.

10대
....

20대
....

30대
....

40대
....

50대
....

....

Q.10

사람이나 조직으로부터 부당한 대우를 받는다고 느낀 적이 있나요? 어떤 대우를 받아야 마땅하다고 생각하나요?

....

....

....

....

....

....

Q.11

연인관계에서 상대에게 가장 원하는 것은 무엇인가요? 내가 잘 표현하지 않는 욕구들이 있나요?

Q.12

관계를 지속할 수밖에 없는 사람들을 내가 원하는 방식으로 변화시키려 애쓴 적 있나요? 왜 그런 노력을 기울였나요?

Q.13

인류 공통의 욕망이 있다면, 그 욕망은 무엇일까요? 왜 그렇게 생각하나요?

Q.14

욕망이 존재하지 않는 관계가 가능하다고 생각하나요? 그런 관계를 경험한 적이 있나요?

Q.15

나는 욕망의 주체로서 더 많이 존재하나요, 아니면 욕망의 대상으로서 더 많이 존재하나요?

Q.16

타인의 기대를 거부하고 싶었던 적이 있나요? 그때 어떻게 행동했나요?

Q.17

내 욕망이 내 것이 아닌 다른 사람의 욕망을 대신한다고 느껴본 적 있나요? 누구의 욕망이었나요?

Q.18

내가 집착한 인간관계가 있나요? 어떤 방식으로 집착했나요? 상대는 이에 대해 어떻게 반응했나요?

Q.19

마음속으로는 몹시 원하지만 상대에게 요구하거나 표현하지 못하는 애정 행위가 있나요? 왜 요구하지 못했나요?

Q.20

이렇게까지 해야 하나 싶을 정도로 잘 해줬지만, 상대가 나를 좋아하지 않는다면 어떻게 할 건가요? 반대로 상대가 나에게 그렇게 행동한다면 어떻게 반응할 건가요?

Q.21

연애할 때 주변 사람들에게 자랑을 하는 편인가요? 무엇을 자랑하나요? 차마 자랑하지 못한 것들은 무엇이며, 왜 말하지 못했나요?

Q.22

스스로도 놀랄 정도로 누군가에게 심하게 화를 내거나 감정을 드러낸 적이 있나요? 이렇게 행동한 이유에는 어떤 생각이나 전제가 있었나요?

Q.23

인간관계를 소유관계로 이해한 적이 있나요? '내 것'이라는 의미는 무엇인가요?
소유관계가 실패하거나 끝났을 때의 마지막은 어땠나요?

Q.24

직접 만나보거나 이야기를 나눈 적 없는 누군가를 좋아하거나 동경해 본 적이 있
나요? 그 사람의 어떤 점이 좋았나요? 내가 좋아하는 그 사람과 실제 그 사람 사이
에 차이가 있었나요?

Q.25

사람들을 평가하는 편인가요? 평가 기준이 있나요? 그 기준을 자신에게도 적용하나요?

Q.26

누군가의 스타일, 말투, 행동 등을 따라 해본 적 있나요? 왜 그랬나요?

Q.27

존경하는 사람은 있나요? 그 사람의 어떤 점이 존경스러운가요? 그런 삶을 살고 싶은가요?

Q.28

가족이나 연인, 친구와 함께 다니며 부끄러웠던 경험이 있나요? 왜 그랬나요?

Q.29

부모님이 바라던 내 모습과 내가 바라던 부모님의 모습을 시기별로 적어 보세요.
현재 서로가 바라던 모습에 가까워졌나요?

10대

20대

30대

40대

50대

Q.30

'일반 사람'이라는 용어를 사용한 적이 있나요? 일반적이지 않은 사람은 어떤 사람
인가요?

Q.31

아무리 노력해도 타인의 요구를 만족시키기 어렵겠다고 생각해 본 적 있나요?

Q.32

주변 사람들이 내게 자주 해주길 바라는 말이나 행동을 모두 적어 보세요.

Q.33

나도 모르게 이타적인 행위를 해본 경험이 있었나요? 그 행동이 정말 타인을 위한 것이었나요? 당시 상황을 구체적으로 떠올려보고, 그때의 마음 상태가 평상시와 어떻게 달랐는지 적어 보세요.

Q.34

연인관계에서, 내가 만약 상대방이라면 현재의 나는 사귀고 싶어 할 만한 사람인 가요? 그 이유를 자세히 적어 보세요.

Q.35

역사 속 특정 인물로 살 수 있다면, 어떤 인물로 살아보고 싶은가요? 그 이유는 무엇인가요?

Q.36

누군가를 내 몸처럼 아껴본 적이 있나요? 그것을 어떻게 표현했나요?

Q.37

나는 당하기 싫은 행동을 누군가에게 강요한 적이 있나요? 왜 그런 행동을 했나요? 그 상황에서 내가 충족시키고자 했던 것은 무엇이었나요?

Q.38

누군가의 어려움을 무시한 적이 있나요? 그럴 때마다 내가 지키고 싶었던 것은 무엇인가요?

Q.39

연인의 중요한 조건(몸, 소유, 능력, 명예, 생각 등)을 구체적으로 적어 보세요.

Q.40

나를 지켜줄 수 있는 사람은 오직 나뿐이라고 생각하나요? 그렇게 생각하게 된 이유는 무엇인가요?

Q.41

연인과 관계를 유지하는 동안, 반드시 함께하고 싶은 최소한의 활동(육체 활동, 정서
교류 활동 등)은 무엇인가요? 왜 그 활동이 중요한가요?

Q.42

아는 사람으로부터의 인정과 나를 잘 모르는 사람들로부터의 인정 중에서 나는 어
느 쪽을 더 중요하게 생각하나요? 왜 그러한가요?

Q.43

물리적인 거리나 단절에도 불구하고 나에게 깊은 연결감을 준 사람은 누구였나요? 그 연결감은 무엇에서 비롯되었나요?

Q.44

팬데믹을 거치면서 인간관계에서 가장 큰 변화를 느낀 점이나 깨달은 점은 무엇인가요?

인간관계와 관련된 욕망의 주요 대상 혹은 활동을 도표에 적고 우선순위를 정해
보세요.

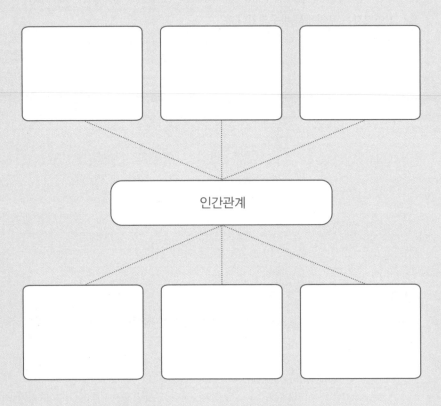

내 생각과 감정을 정리해 보세요.

인간관계와 관련된 욕망에 대한 생각

인간관계와 관련된 욕망에 대한 감정

이번 트랙에서 발견한 당신의 욕망을 정리해 보세요.

인간관계와 관련한 욕망을 실현하기 위해 실현 가능한 행동이나 일상에서의 변화
를 적어 보세요.

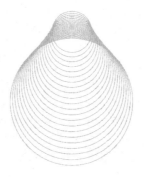

라이프스타일

네 번째 트랙인 라이프스타일은 주로 나를 둘러싼 사물과 콘텐츠가 대상입니다. 우리는 생활 속에서 늘 무언가를 소비하고 경험합니다. 아침에 눈을 뜨면 식사를 하고, 커피를 마시고, 옷을 입고, 신발을 신고, 차에 탑니다. 음악을 듣고, TV나 영화를 보고, 글을 읽기도 합니다.

내가 향유하는 것들, 소유하고 싶은 것들을 통해 소비 욕구와 소유욕을 살펴봅니다. 물건, 콘텐츠, 음식 등에 대한 나의 취향은 언제 어떻게 생겨났는지 그 기원도 탐색해 봅니다.

Q.01

나를 유혹하는 소비 대상을 모두 적어 보세요. 구입한 이후 만족이 지속되는 기간은 어느 정도인가요?

Q.02

소비로 얻는 만족감이 오래 지속되지 않는다면 그 이유는 무엇일까요?

Q.03

소비 행위를 통해 자유로움을 느껴본 적이 있나요? 자유로운 느낌이 사라질 때까지의 과정을 상세히 적어 보세요.

Q.04

소비 행위를 하기에 좋은 환경은 어떤 것인가요? 공간이나 사람, 분위기 등 구체적으로 적어 보세요.

Q.05

윤리적 소비 혹은 개념 있는 소비라고 느껴본 적이 있나요?

Q.06

나의 소비 행위를 가장 원하는 존재나 대상은 누구일까요? 그 대상은 나의 소비를 통해 무엇을 얻고자 하나요?

Q.07

필요 이상의 소비를 하고 있다고 느낀 적이 있나요? 어떤 것들이었나요? 왜 필요 이상의 소비를 하게 되었나요?

Q.08

집착하는 물건이나 콘텐츠가 있나요? 혹은 있었나요? 이유도 적어 보세요.

Q.09

구매 후, 자주 사용하는 물건과 거의 사용하지 않는 물건이 있나요? 구매한 이유를 적어 보세요. 구매할 당시 어떤 감정을 느꼈고, 어떤 기대를 했나요? 실제로 소유하게 되었을 때는 내 행동과 감정에 변화가 있었나요?

자주 사용하는 물건

거의 사용하지 않는 물건

Q.10

구매가 아닌 다른 방식의 소유 경험이 있나요? 어떻게 소유하게 되었나요?

Q.11

별로 원하지 않았지만 누군가가 가진 것을 보고 욕망이 생겼던 적이 있나요?

Q.12

'내 스타일이야'라고 말하는 것들이 있나요? '내 스타일'을 구체적으로 적어 보세요.

Q.13
나만의 은밀한 혹은 남들에게 보여주기 부끄러운 취향이 있나요?

Q.14
무리해서까지 구매한 상품이 있나요? 왜 꼭 사야 한다고 느꼈나요?

Q.15

배고프지 않음에도 식탐을 부릴 때가 있었나요? 그때의 감정 상태와 생각을 정리해 보고, 공통점을 찾아보세요.

Q.16

버리겠다고 결심했지만 버리지 못하는 물건이 있나요? 왜 버리지 못하나요? 그 물건의 가치는 내 삶에서 얼마나 중요한가요?

Q.17

물건을 고르는(구매하는) 기준은 무엇인가요?

Q.18

절대 남에게 빌려주지 못하거나 손대지 못하게 하는 내 소유의 물건이 있나요? 그 이유는 무엇인가요?

Q.19

타인의 소유물이 더 좋아 보일 때, 나는 어떻게 반응하거나 행동하나요?

Q.20

내 물건을 남들에게 빌려주는 게 더 편한가요, 아니면 다른 사람의 물건을 빌려 쓰는 게 더 편한가요? 왜 그렇게 느끼나요?

Q.21

나만 알고 싶은 콘텐츠 목록이 있나요? 다른 사람들과 공유하고 싶지 않은 이유는
무엇인가요?

Q.22

책을 구매할 때, 완독했을 때, 읽은 내용을 타인과 공유할 때 중에서 언제가 가장
뿌듯한가요? 그 이유는 무엇인가요?

Q.23

비싼 물건을 살 때 혼자 결정하나요, 아니면 다른 사람의 판단에 의지하나요?

Q.24

타인의 물건이나 돈을 빌리고 돌려주기까지 보통 얼마나 시간이 걸리나요? 언제
부터 마음이 불편해지기 시작하나요?

Q.25

무언가를 소유한다는 것은 나에게 어떤 가치를 주나요?

Q.26

'인류 전체의 부는 이미 충분하지만, 나는 충분하지 않다'라는 생각에 대해 어떻게 느끼나요? 이에 대한 내 입장을 적어 보세요.

Q.27

팬데믹 이후, 중요하게 여겼던 물질적 소유나 소비에 대한 욕망은 어떻게 바뀌었나요?

Q.28

나에게 큰 행복을 주는 일상 속 욕망 활동은 무엇인가요?

Q.29

나의 라이프스타일과 취향을 통해서 내가 이루고 싶은 목표는 무엇인가요?

Q.30

나의 욕망을 더 자유롭게 실현할 수 있는 라이프스타일은 어떤 모습인가요?

Q.31

만약 내일이 생의 마지막 하루라면, 나는 어떤 장소에서 어떤 상황으로 아침을 맞이하고 싶을까요?

Q.32

내가 갈망하는 라이프스타일은 나의 정체성과는 어떻게 연결되나요?

라이프스타일과 관련된 욕망의 주요 대상 혹은 활동을 도표의 원 안에 적고 우선 순위를 정해 보세요.

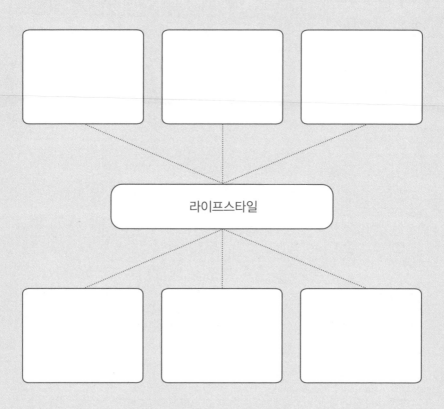

라이프스타일

내 생각과 감정을 정리해 보세요.

라이프스타일과 관련된 욕망에 대한 생각

....

....

라이프스타일과 관련된 욕망에 대한 감정

....

....

이번 트랙에서 발견한 당신의 욕망을 정리해 보세요.

라이프스타일과 관련된 욕망을 실현하기 위해 실현 가능한 행동이나 일상에서의
변화를 적어 보세요.

개념환경

보이지는 않지만 늘 나를 둘러싸고 있는 개념들을 나타내는 개념환경입니다. 사람은 항상 무언가를 배우고, 생각하고, 고민하며 살아갑니다. 같은 공간환경에 살고 있어도 서로 다른 개념, 신념, 판단의 전제를 가지고 있다면, 사실상 서로 다른 시대를 살고 있는 것과 같습니다. 이 트랙은 '나를 규정하는 정보' 트랙과 함께 추상적인 '나'를 유지하는 데 있어 결정적인 트랙입니다. 나는 어떤 개념들의 집합으로 이루어져 있고, 그러한 개념들은 나를 유지하려는 욕망과 어떤 관계가 있는지 살펴봅니다.

Q.01

어떤 충동이나 욕구가 머릿속에 떠올랐지만, 그것을 말이나 행동으로 표현하지 못할 때는 언제인가요?

Q.02

누구에게나, 어느 곳에서나 통용되는 선악의 기준이 존재한다고 생각하나요? 그렇다면 그 기준은 무엇인가요?

Q.03

스스로를 합리화할 때 자주 사용하는 문장은 무엇인가요? 스스로에게 말할 때와 타인에게 핑계를 댈 때, 각 상황에서 사용하는 문장을 적어 보세요.

스스로를 합리화할 때

타인에게 핑계를 댈 때

Q.04

나를 기운 나게 하는 문장(명언 혹은 누군가의 말)은 무엇인가요? 왜 그 문장이 나에게 힘이 될까요?

Q.05

나를 억압하는 문장(명언 혹은 누군가의 말)은 무엇인가요? 그 문장은 왜 내 기분을 저조하게 만들까요?

Q.06

사회가 허용하지 않는 욕망을 인식했던 적이 있나요? 그것을 경험해 보고 싶은 충동을 어떻게 억제했나요?

Q.07

불가능한 욕망과 불만족스러운 욕망을 구분해 보세요. 가능과 불가능을 결정하는 기준은 무엇인가요?

Q.08

욕망으로부터 벗어나고 싶었던 적이 있나요? 그것이 가능하다고 생각하나요?

Q.09

내 삶을 가치 있게 만드는 것은 무엇인가요?

Q.10

미래를 계획할 때, 내가 원하는 것을 더 많이 반영하는 편인가요, 아니면 상황이나 환경을 더 많이 고려하나요? 왜 그렇게 하나요?

Q.11

내가 가진 옳고 그름의 기준은 어떻게 변화했나요? 변하지 않은 것은 무엇인가요?

Q.12

'타인에게 도움 되는 삶'을 살고 싶다고 생각한 적이 있나요? 구체적으로 어떤 도움을 주고 싶나요? 입장을 바꾸어도 그것이 정말 도움이 되는 일이라 생각하나요?

개념환경

Q.13

내 욕망이나 충동이 내가 가진 원칙(신념)에 위배될 때, 어떻게 행동하나요? 그러한 행동을 한 후, 어떤 감정을 느끼나요?

Q.14

능력 있는 자가 더 많이 가지는 것이 당연하다고 생각하나요? 만약 분배 시스템을 만들 수 있다면 어떻게 설계하고 싶나요?

Q.15

욕망이 충족되었지만 기대했던 것과 달랐던 적이 있나요? 무엇이 달랐나요? 그때 당신은 어떻게 행동했나요?

Q.16

양심에 어긋난 행동을 한 적이 있나요? 왜 그렇게 행동했나요? 그럴 때 마음속에서는 어떤 일이 벌어지나요?

Q.17

대가를 바라고 행동한 적 있나요? 주로 어떤 대가를 바라나요?

Q.18

타인이나 규칙, 시스템을 의식할 때 자주 하는 행동이 있나요? 그런 행동을 할 때 내 상태(감각 · 감정 · 생각)는 어떠한가요?

Q.19

상황이나 결과가 내 바람과 달라서 크게 실망했던 적이 있나요? 어떤 기대를 했나요? 내가 생각한 대로 될 거라고 믿었던 이유가 있었나요?

Q.20

나를 불편하게 만드는 주요한 것(고정된 생각 · 개념 · 행동의 근거들)은 무엇인가요? 그것들이 형성된 계기가 있나요? 여전히 그 기준점들을 유지하며 살아가고 싶은가요?

Q.21

무언가를 하고 싶다고 생각하면 배워서 하는 편인가요, 아니면 일단 실행해 보는 편인가요? 삶의 영역에 따라 방식이 달라진다면 그 이유는 무엇인가요?

Q.22

현재 내 결정이나 행동에 지속적으로 영향을 주는 과거의 (강력한) 특정 경험이 있나요? 그때 어떤 개념이 내 안에 자리 잡게 되었나요?

Q.23

시대와 지역을 막론하고 인간이라면 누구에게나 보편적으로 통하는 생각이나 원칙(전제)이 존재한다고 생각하나요? 혹은 그런 원칙이 존재하기를 바라나요? 그원칙이나 전제는 무엇인가요?

Q.24

선한 의도로 좋은 결과를 바라면서 행동했지만 결과가 반대였던 적이 있나요? 왜그런 결과가 나왔나요?

Q.25

'이러면 안 되는데' 하면서도 그렇게 행동한 적이 있나요? 왜 그랬나요?

Q.26

눈에 보이지 않지만 반드시 얻고 싶은 가치(성격적 특징·매력을 구성하는 요소)들이 있나요?

Q.27

성공과 실패의 기준은 무엇인가요? 그 기준을 갖게 된 이유는 무엇인가요? 그런 생각을 가지게 된 상황을 구체적으로 적어 보세요.

Q.28

자존감이 떨어지거나 위축되는 상황을 구체적으로 적어 보세요.

Q.29

'나는 못할 거야', '그러면 안 돼' 등 내 행동을 제어하는 마음의 소리가 들리는 상황을 구체적으로 적어 보세요.

Q.30

욕망을 충족하기 위해 원칙이나 신념을 바꾼 적이 있나요? 다른 원칙이나 신념도 상황에 따라 바뀔 수 있다고 생각하나요? 나는 원칙이나 신념이 있는 사람인가요?

Q.31
팬데믹을 겪으면서 내가 가장 갈망하게 된 것이나 변화된 가치나 개념이 있나요?

Q.32
내가 추구하는 욕망을 이루기 위해 중요하게 여기는 가치나 개념은 무엇인가요?

개념환경과 관련된 욕망의 주요 대상 혹은 활동을 도표에 적고 우선순위를 정해 보세요.

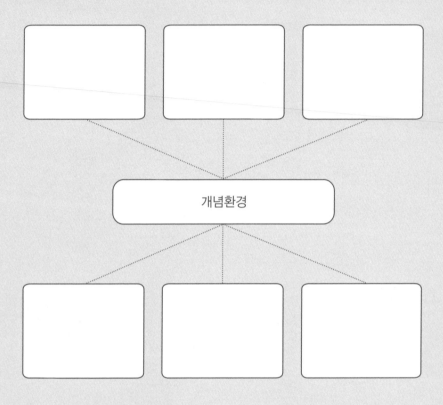

개념환경

내 생각과 감정을 정리해 보세요.

개념환경과 관련된 욕망에 대한 생각

개념환경과 관련된 욕망에 대한 감정

이번 트랙에서 발견한 당신의 욕망을 정리해 보세요.

개념환경과 관련된 욕망을 실현하기 위해 실현 가능한 행동이나 일상에서의 변화
를 적어 보세요.

개념환경

경제활동이든, 취미활동이든 우리는 끊임없이 일을 합니다. 일을 통해 눈에 보이는 물건이나 콘텐츠를 만들기도 하고, 노동 또는 서비스를 제공하기도 합니다. 공식적인 작업부터 개인 작업까지, 세상을 향해 생산 혹은 창작하는 나의 활동들을 살펴봅니다. 현실의 변화는 생각과 개념을 몸을 통해 구체적 활동으로 발현시킴으로써 가능합니다. 이 트랙은 생산적·창조적 방식으로 자신의 욕망을 실현하기 위해 노력하는 의지적 행위와 관련되어 있습니다.

Q.01

나는 어떤 욕망을 가지고 일을 하나요? 그 욕망은 일(결과물)에 어떤 영향을 주나요?

Q.02

나의 욕망을 온전히 반영할 수 있는 일을 하고 싶은가요? 그 일은 무엇인가요? 만약 내 욕망을 온전히 반영할 수 없다면 어떻게 할 건가요?

Q.03

'무언가를 해야지'라고 생각은 하지만 구체적인 그림이나 아이템이 떠오르지 않았던 적이 있나요? 그런 상황에서 나는 어떤 언어로 표현하나요? (예: 창작을 해야겠어요. 하지만 무엇을 해야 할지는 모르겠어요.)

Q.04

누가 시키지 않아도 자발적으로 꾸준히 하는 일이나 활동이 있나요?

Q.05

내가 더 잘한 것 같은데 나를 제치고 누군가가 성공하는 것을 지켜본 적이 있나요? 그때 무슨 생각과 감정이 들었나요? 그리고 그 상황에 어떻게 반응하고 수용했나요?

Q.06

남들보다 뛰어나다고 생각하는 내 능력들을 모두 적어 보세요. 그 능력들이 내가 원하는 일을 하는 데 도움이 되나요?

Q.07

이미 생각했거나 알고 있다고 이야기했지만, 실행하지 못해 오해를 사거나 부당하게 평가받은 적이 있나요? 왜 그 생각을 행동으로 옮기지 못했나요?

Q.08

내가 생각한 아이디어 중 내가 보기엔 훌륭하지만, 남들은 잘 이해하지 못하는 것이 있나요? 상대의 반응은 대체로 어땠나요? 왜 잘 설득되지 않는다고 생각하나요?

Q.09

내 일이 유니크하거나 가치가 있다고 느끼지만, 다른 사람들이 이해하지 못한다고 느낀 적이 있나요? 내 일의 유니크한 점이나 가치 있는 부분은 무엇인가요? 사람들이 왜 잘 이해하지 못한다고 생각하나요?

Q.10

시작하고 싶지만 두려워서 망설인 일이 있나요? 그로 인해 겪었던 최악의 경험을 적어 보세요.

Q.11

내가 하고 싶은 일이 돈이 되지 않는다고 누군가에게 들었던 적이 있나요? 스스로
도 그렇게 생각하나요? 돈이 안 된다고 생각하는 근거는 무엇인가요?

Q.12

이직을 할 때 가장 중요하게 생각하는 요소(돈, 직책, 사람들, 시스템 등)는 무엇인가
요?

Q.13

지금 일하는 곳에서 제대로 대우받지 못한다고 생각한 적이 있나요? 당신은 어떤
대우를 받길 원하나요?

Q.14

내가 바라는 이상적인 직장이나 근무 환경은 어떤 모습인가요?

WORKLIFE TRACK

Q.15

분명히 원하는 일이었지만 행동하지 않았던 적이 있었나요? 그 일은 어떤 형태였나요? 행동하지 않은 이유는 무엇인가요?

Q.16

돈이나 여건은 충분하지 않지만 하고 싶은 일을 할 수 있는 능력이 충분한 경우와 돈이나 여건은 충분한데 능력과 욕망이 부족한 경우라면, 어느 쪽을 선택할 건가요? 그 이유는 무엇인가요?

Q.17

힘든 상황에 놓일 게 뻔하지만 그 일을 해야만 한다고 느낀 적이 있나요? 그 일은 나에게 어떤 의미이고, 세상에는 어떤 의미인가요? 그 일을 선택한 이유나 기준은 무엇인가요?

Q.18

어떤 실력이나 기술을 가지고 싶은가요? 그것을 성취하는 것은 내 삶에 어떤 가치와 만족감을 주나요?

Q.19

작은 성공에 취해서 다른 사람을 무시하거나 배려하지 않은 적이 있나요? 혹은 그 반대의 경우가 있었나요?

Q.20

같이 일할 사람을 고를 수 있다면 어떤 사람을 원하나요? 신체, 라이프스타일, 능력, 가치관, 태도 등 구체적으로 적어 보세요.

Q.21

내 능력을 극대화할 수 있다면 어떤 능력을 갖고 싶은가요?

Q.22

회사 대표와 신입 사원의 임금 격차는 최대 몇 배가 바람직하다고 생각하나요? 그
이유는 무엇인가요? 내가 신입일 때와 대표일 때를 상상해 봐도 차이가 있나요?

Q.23

일을 제대로 해야 한다고 말한 적 있나요? 제대로의 기준은 무엇이고, 그 기준은
어떻게 형성되었나요? 그 기준은 언제, 어디서나 유효한가요?

Q.24

능력의 한계를 인지했을 때 어떤 감정을 느끼나요? 이때 어떤 행동을 하나요?

Q.25

'멋있게 일하는 사람'이 되고 싶다는 생각을 해본 적이 있나요? 멋있게 일하는 사람이 되려면 어떤 특성을 지녀야 할까요?

Q.26

내 몸에 적합한 일의 방식을 알고 있나요? (출퇴근 고정 VS 시간유연제 근무, 개인 VS 팀워크, 집중 작업 VS 멀티태스킹 등) 내가 원하는 방식과 몸에 잘 맞는 방식은 일치하나요?

Q.27

일을 통해 이루고 싶은 가장 큰 욕망은 무엇이며, 그것을 실현하기 위해 어떤 방법을 추구하고 있나요?

Q.28

일에서 얻고 싶은 가장 큰 보람은 무엇인가요? 그 보람이 나의 욕망과 어떻게 연결되어 있나요?

Q.29

팬데믹을 통해 추구하는 일의 내용과 방식에 변화가 생겼다면, 그 변화는 어떤 욕망에서 비롯된 것인가요?

Q.30

과거에 태어났다면 어떤 직업을 가지기를 원했을까요? 왜인가요? 현재와는 어떤 차이가 있나요?

Q.31

내가 추구하는 욕망을 이루기 위한 일의 방식은 무엇인가요?

Q.32

더 이상 돈을 위해서는 일할 필요가 없다면, 어떤 일을 하고 싶나요? 이유는 무엇인가요?

일

일과 관련된 욕망의 주요 대상 혹은 활동을 도표에 적고 우선순위를 정해 보세요.

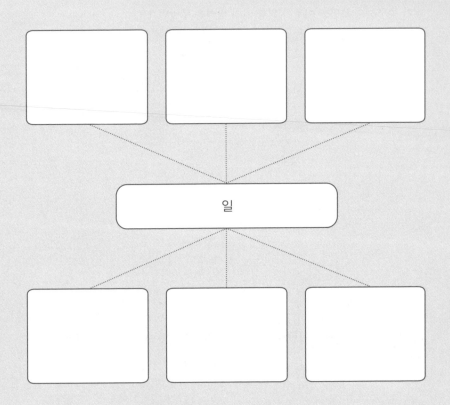

내 생각과 감정을 정리해 보세요.

일과 관련된 욕망에 대한 생각

일과 관련된 욕망에 대한 감정

이번 트랙에서 발견한 당신의 욕망을 정리해 보세요.

일과 관련된 욕망을 실현하기 위해 실현 가능한 행동이나 일상에서의 변화를 적어
보세요.

3부
욕망을 분석하고,
설계하고, 실행하는 법

3부에서는 욕망을 구체적인 대상과 활동으로 정리하고, 다양한 기준으로 분석해 봅니다. 욕망이 발생하고 표현되는 과정을 시각화하면서 막연하거나 추상적으로 느껴왔던 욕망이, 내 삶의 맥락 안에서 어떻게 형성되고 표현되는지 이해해 봅니다. 내 삶에서 욕망이 어떤 의미를 지니고 있는지를 이해한다는 것은, 결국 나라는 사람이 어떤 사람인지에 대해서 좀 더 깊이 이해할 수 있게 되는 것이라 생각합니다. 끝으로 욕망에 대한 나만의 정의를 내림으로써, 앞으로 내가 하게 될 선택과 세계에 대한 이해의 기준점을 삼아보시길 바랍니다.

어렵게 찾아낸 욕망을
실현하는 법

2부에서는 자신의 욕망을 마주하고, 그것이 어떻게 6트랙의 맥락 안에서 표현되는지를 살펴보았습니다. 이제 나의 욕망을 주체적 현실로 만들어 가기 위해서는 인식만으로는 충분하지 않습니다. 욕망을 실현하기 위해서는 명확한 계획이 필요하며, 이를 실천해 나가는 과정에서 욕망이라는 에너지는 구체적인 형태를 갖게 됩니다. 작은 단계로 시작하더라도 당신의 삶은 점차 선명해지고, 더 의미 있는 방향으로 이끌려 갈 것입니다. 3부에서는 그 욕망을 좀 더 세밀하게 들여다보고, 그것이 어떻게 우리의 행동과 선택을 이끌어왔는지 분석하는 단계로 나아가려 합니다.

욕망은 단순한 충동이 아님은 이미 살펴보았습니다. 그것은 우리의 삶에 깊게 자리 잡고 있으며, 나의 결정, 행동, 사람들과의 관계에 크게 영향을 미치는 중요한 요소입니다. 우리가 무엇을 욕망하느냐에 따라 삶의 모습이 크게 달라지기 때문입니다. 하지만 욕망이 우리 삶을 어떻게 구체적으로 이끌고 있는지 명확히 들여다보는 일은 생각보다 쉽지 않습니다. 단지 욕망을 느끼며 살아가는 것만으로는 그 진정한 의미를 파악하기 어렵기 때문에, 우리는 욕망의 원인을 이해하고, 분석하는 과정을 거쳐야 합니다. 그렇지 않으면 욕망은 그저 무작정 흐르는 물줄기처럼 우리의 삶을 그저 흘러가게 할 뿐이지요.

흔히 욕망을 모호하고 추상적이라 생각할 수 있지만, 저는 욕망을 분석하는 과정을 통해 그것이 어떻게 삶을 형성했는지를 어느 정도 발견할 수 있다고 봅니다. 3부에서는 앞장에서 다룬 욕망을 더 구체적으로 분석하고, 그 분석을 바탕으로 앞으로 어떤 방향으로 나아갈지를 설계하는 단계를 제공합니다. 욕망의 본질을 깊이 탐구하며, 그것이 당신의 삶에 어떤 형태로 영향을 미쳤는지를 면밀히 살펴보는 시간을 갖게 될 것입니다.

욕망을 실현하는 4단계

3부는 욕망 분석 → 욕망 시각화 → 욕망 정의 → 욕망 디자인이라는 단계로 구성되어 있습니다. 이 과정은 독자들이 자신의 욕망을 명확하게 인식하고, 이를 실현하기 위한 구체적이고 실질적인 계획을 세우는 데 중점을 둡니다.

1. 욕망 분석: 첫 번째 단계는 자신이 가진 욕망이 어디에서 시작되었고, 어떻게 형성되었는지 탐구하는 질문들로 구성되어 있습니다. 이를 통해 나의 욕망이 어

떻게 성장하고 변화해 왔는지를 메타인지할 수 있게 도와줍니다.

2. 욕망 시각화: 두 번째 단계에서는 자신의 욕망을 구체적으로 시각화합니다. 욕망연표를 통해 연대기로 정리한 후, 이전 단계의 서술적 답변들을 만족도, 우선순위, 포지셔닝 도구 등을 사용해 시각적으로 전환하며 새로운 관점으로 명확하게 인식합니다.

3. 욕망 정의: 세 번째 단계에서는 자신의 욕망을 스스로 정의하고, 그 욕망이 자신의 삶에 어떤 가치를 가지는지 다시 한 번 성찰합니다. 이는 이후의 목표 설정 단계와 연계되어 실질적인 계획을 세우는 근거가 됩니다.

4. 욕망 디자인: 마지막 단계에서는 정의된 욕망을 바탕으로 자신의 미래를 디자인합니다. 이 과정에서 원하는 미래 모습을 구체적으로 규정하고, 그 욕망을 실현하기 위한 현실적인 변화계획을 세워 이를 패턴화해 실행하는 데 중점을 둡니다.

이 과정을 통해 자신을 더 깊이 이해하게 되고, 욕망을 기반으로 원하는 미래의 모습을 형상화할 수 있게 됩니다. 그러한 모습을 바탕으로 구체적인 행동패턴의 변화를 설계하고 이를 실천하는 과정으로 이어집니다.

삶을 더 나은 방향으로 이끄는 욕망의 힘

우리는 종종 무엇을 갈망하는지 분명히 안다고 생각하지만, 그 이면에 숨겨진 의미를 놓치곤 합니다. 욕망을 분석하는 과정에서는 자신의 욕망이 어떻게 형성되었고, 현재의 나에게 어떤 영향을 미쳤는지를 자세히 들여다보는 것이 중요합니다. 욕망이 명확해지면, 그것을 시각화하는 단계로 나아가야 합니다. 중요한 것은 욕망을 단순히 추상적으로 규정하는 것이 아니라 구체적인 목표와 연결하는 것입니다. 시각적으로 명확히 보면, 그 욕망을 실현할 방법이 더욱 선명하게 드러납니다. 이 과정에서 자신의 욕망이 삶에서 어떤 의미를 지니는지 서서히 이해하게 될 것입니다.

욕망 분석하기

    지금까지 과거에서 현재까지의 내 욕망 역사를 훑어보면서, 트랙별 욕망 대상과 활동을 구체적으로 살펴보았습니다. 이 장에서는 욕망 자체에 중심을 두고, 내가 욕망을 어떻게 인지하고 있는지를 고찰해 보려 합니다. 직접적인 욕망 질문과 6트랙 통합 질문을 통해, 나의 외적 환경과 내적 반응의 상관관계를 알아봅니다. 더불어 몸으로 표현되는 욕망에 대해 추상적인 에고로서의 '나'는 어떤 개념과 기준을 가지고, 어떤 패턴으로 반응하며 살아가는지 종합적으로 이해해 보길 바랍니다.

Q.01

내가 기억하는 최초의 욕망은 무엇인가요? 욕망의 대상을 구체적으로 적어 보세요.

Q.02

욕망을 실현시키기 위해 어떤 행동을 주로 하나요?

Q.03

마음을 힘들게 하는 결핍이 있(었)나요? 그 결핍은 무엇인가요? 그러한 결핍은 어떻게 채워졌나요? 혹은 사라졌나요?

Q.04

내 안에서 여러 가지 욕망들이 충돌할 경우 어떤 욕망을 따르고 행동하나요?

Q.05

현재 내가 품고 있는 욕망 중에서 타인에게 이야기할 수 없는 것이 있나요? 그것을 왜 숨겨야 하나요?

Q.06

충동에 지배당하는 편인가요, 아니면 의식적으로 잘 조절하는 편인가요? 조절 기준은 무엇인가요?

Q.07

몸과 마음이 늘 만족스러운 시기가 있었나요? 얼마나 지속되었나요?

Q.08

괴로움은 외부 대상이나 외부 환경으로부터 비롯된다고 생각하나요?

Q.09

나를 괴롭히는 상황과 존재는 다른 사람들에게도 괴로움을 주는 것인가요? 만약 누군가 나와 같은 상황에서 괴로움을 느끼지 못한다면 왜 그럴까요?

Q.10

내 욕망 중 조작된 욕망이라고 생각되는 건 무엇인가요?

Q.11

우리(조직, 가족 등)의 욕망과 나의 욕망이 충돌할 때 어떻게 반응하나요?

Q.12

내 욕망을 안전하게, 마음껏 충족시키는 환경을 트랙별로 구체적으로 적어 보세요.

나를 규정하는 것들

공간환경

인간관계

라이프스타일

개념환경

일

Q.13

6트랙의 욕망 관계망 안에서 나에게 가장 큰 영향을 주는 트랙은 무엇인가요? 그 트랙이 나에게 어떤 영향을 미치는지 구체적으로 적어 보세요.

Q.14

나를 갑갑하게 만들어 기어코 탈주하고 싶게 만드는 환경이나 상황을 적어 보세요. 내가 원하는 환경이나 상황은 무엇인가요?

나를 규정하는 것들

공간환경

인간관계

라이프스타일

개념환경

일

Q.15

욕망에 얼마나 솔직한가요? 다른 사람들에게 내 욕망을 솔직하게 표현하는 편인 가요?

Q.16

욕망들이 상충할 때, 가장 우선으로 여기는 것은 무엇인가요? 선택의 기준과 그 기준이 형성된 과정을 구체적으로 적어 보세요.

Q.17

'내 것'이라고 생각되는 것은 무엇인가요? 트랙별로 적어 보세요.

나를 규정하는 것들

공간환경

인간관계

라이프스타일

개념환경

일

Q.18

'원래 내 것'이라고 생각하는 것이 있나요? 원래 내 것이었던 것을 누군가에게 빼앗겼다고 생각한 적이 있나요?

Q.19

내 욕망은 반드시 충족되어야 하나요? 굳이 충족되지 않아도 되는 욕망으로 괴로웠던 적이 있나요?

Q.20

나의 만족을 포기함으로써 다른 이득을 얻은 경험이 있나요? 포기한 것과 그로 인해 얻은 것을 구체적으로 적어 보세요.

Q.21

스스로 생각하는 나의 부족함은 무엇인가요? 그것을 어떻게 알게 되었나요?

Q.22

욕망의 주체이기를 포기하고, 타자의 요구에 순응하며 살면 어떤 이득을 얻게 되나요?

Q.23

나에게 돈은 목표인가요, 결과물인가요? 돈이 목표가 되거나 우선시 될 때, 내 삶은 누군가의 도구가 될 수도 있습니다. '도구로서의 삶'을 대하는 나의 태도와 마음을 적어 보세요.

Q.24

살아 있는 것만으로도 충분하고, 충만했던 적이 있나요? 충만하지 않는 시기의 내마음과 감정 상태는 어떠했나요?

Q.25

인공지능이 나보다 나를 더 잘 이해하고, 내 욕망에 맞추어 모든 것을 알아서 제시해 주는 세상이 된다면, 내가 나로서 살아간다는 것은 어떤 의미일까요?

Q.26

생존을 위한 조건이 모두 충족되고, 나의 노동(기능)이 더 이상 필요로 하지 않을 때, 나는 어떤 가치를 지닌 존재일까요? 또한 어떤 욕망을 실현하며 살게 될까요?

Q.27

욕망 때문에 발생한 증오나 폭력적인 행위를 경험한 적이 있나요? 그 기억을 어떻게 정리했나요?

Q.28

내가 마음대로 통제하거나 조정할 수 있다고 생각하는 6트랙의 대상들과 이유를 적어 보세요.

나를 규정하는 것들

공간환경

인간관계

라이프스타일

개념환경

일

Q.29

내 소유라고 생각했던 대상들이 내 마음대로 되지 않을 때는 어떻게 반응하나요?

Q.30

억압을 느껴본 적이 있나요? 6트랙을 구분해서 적어 보세요. 자유롭게 사는 것이
나에게 왜 중요한지도 적어 보세요.

나를 규정하는 것들

공간환경

인간관계

라이프스타일

개념환경

일

Q.31

욕망이 잘 충족되지 않는 상황은 나의 인간관계에 어떤 영향을 주나요?

Q.32

탈출을 꿈꿔 본 적이 있나요? 무엇으로부터의 탈출인가요? 어떤 방법을 시도해 보았나요?

욕망 분석하기

Q.33

내가 속한 특정 관계망 안에서 누군가를 억압해 본 경험이 있나요? 그것은 어떤 욕망이었나요? 이 상황에서 느꼈던 만족과 불만족을 적어 보세요.

Q.34

나는 나를 둘러싼 환경에 따라 행불행이 많이 좌우되는 사람인가요? 나를 행복하게 만드는 환경과 불행하게 만드는 환경을 구체적으로 적어 보세요.

욕망 시각화하기

지금까지 질문에 대해 서술적으로 답해 보았습니다. 이제 도표로 정리해 볼 시간입니다. 이미 잘 정리된 기억들도 있겠지만, 질문에 답하며 튀어나온 숨어 있던 기억들까지 종합적으로 연표로 만들어 보고, 중요도에 따른 리스트도 작성해 봅니다. 내 욕망의 강도와 만족, 결핍, 충족 방법의 특성을 제시된 몇 가지 기준에 따라 정리해 봅니다. 또한 구체적 사건분석 도표를 통해 세세하게 분석하다 보면, 머릿속 생각으로는 미처 발견하지 못한 새로운 깨달음이 시각적으로 드러날 것입니다.

욕망연표 01

나는 어떤 욕망의 역사를 가지고 있을까요? 시간과 트랙에 따라 기록하고,
그 욕망을 한눈에 조망해 보세요.

작성법
1. 사건의 연도를 적어 보세요.
2. 내가 원했던 것들을 트랙에 따라 시간순으로 기록해 보세요.
3. 중요했거나 강렬했던 것들은 따로 표시해 보세요.

연도	역할	공간환경	인간관계	라이프 스타일	개념환경	일

욕망연표 02

나는 어떤 욕망의 역사를 가지고 있을까요? 시간과 트랙에 따라 기록하고,
그 욕망을 한눈에 조망해 보세요.

작성법
1. 사건의 연도를 적어 보세요.
2. 내가 원했던 것들을 트랙에 따라 시간순으로 기록해 보세요.
3. 중요했거나 강렬했던 것들은 따로 표시해 보세요.

연도	역할	공간환경	인간관계	라이프 스타일	개념환경	일

6트랙 욕망 리스트

현재의 나는 무엇을 욕망하나요?

작성법
1. 소소한 것부터 강렬한 것까지 구체적으로 떠올려보세요.
2. 트랙별로 구분하여 욕망 대상을 적어 보세요.

역할	공간환경	인간관계

VISUALIZE

라이프 스타일	개념환경	일

욕망 시각화하기

욕망 충돌 01

내 안에서는 어떤 욕망들이 충돌할까요? 연표와 리스트를 바탕으로 서로 충돌하거나 모순되는 욕망들을 찾아보세요. 두 개의 욕망 중 더 강하게 끌리는 것에 표시해 보세요.

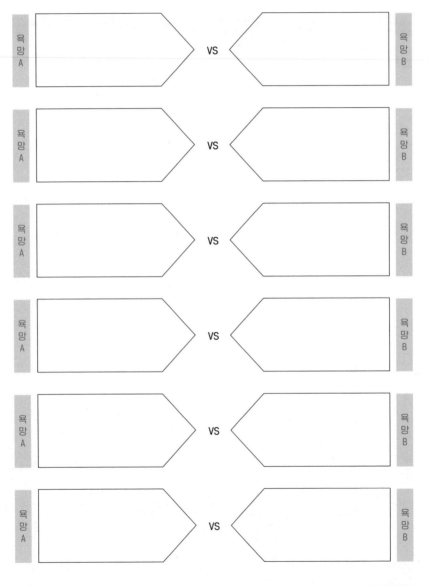

VISUALIZE

내 안에서는 어떤 욕망들이 충돌할까요? 연표와 리스트를 바탕으로 서로 충돌하거나 모순되는 욕망들을 찾아보세요. 두 개의 욕망 중 더 강하게 끌리는 것에 표시해 보세요.

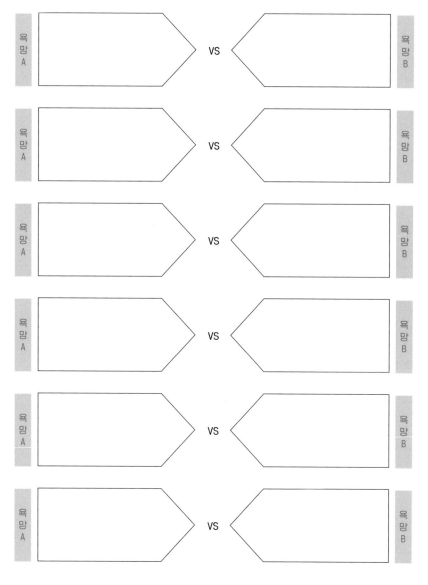

나는 욕망을 어떤 방식으로 충족하나요? 중요한 욕망 몇 가지를 골라, 내가 주도하여 충족했는지 외부환경에 의해 충족되었는지를 표시해 보세요.

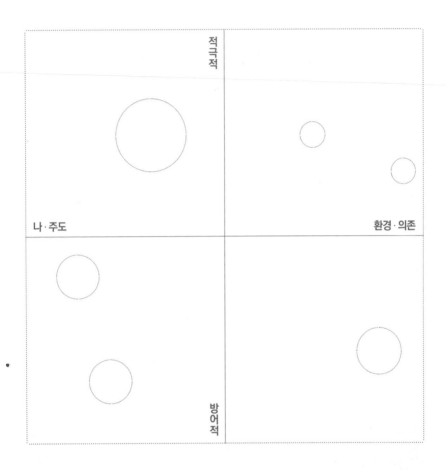

X축	Y축
나 : 주도적으로 욕망을 추구	적극적 : 행위나 방식이 진취적 혹은 공격적임
환경 : 타인이나 시스템의 도움 혹은 개입을 통한 충족	방어적 : 수동적이거나 소극적임

욕망의 충족 방식 02

나는 욕망을 어떤 방식으로 충족하나요? 중요한 욕망 몇 가지를 골라, 내가 주도하여 충족했는지 외부환경에 의해 충족되었는지를 표시해 보세요.

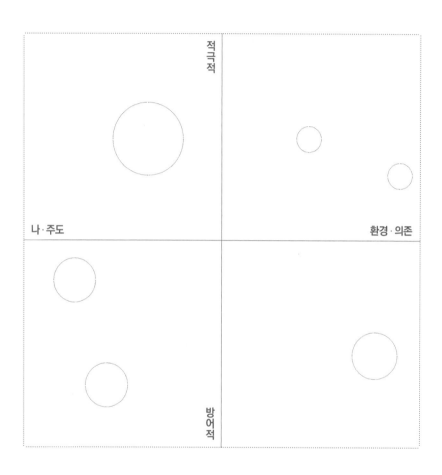

X축	Y축
나 : 주도적으로 욕망을 추구	적극적 : 행위나 방식이 진취적 혹은 공격적임
환경 : 타인이나 시스템의 도움 혹은 개입을 통한 충족	방어적 : 수동적이거나 소극적임

욕망 시각화하기

나는 무엇을 가장 원하고, 무엇을 가장 덜 바랄까요? 6트랙에 원하는 것을 적고, 그림 안에 욕망의 강도를 표시하여 선으로 연결해 보세요.

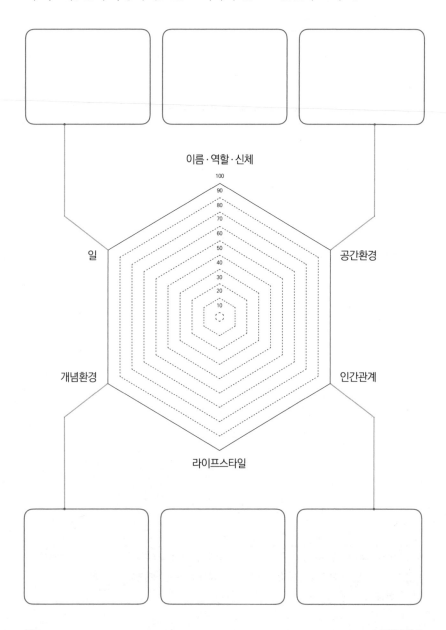

내 욕망은 얼마나 충족되고 있을까요? 왼쪽 페이지에 표시한 욕망들이 어느 정도 충족되었는지를 확인해 보세요. 넘치게 충족된 것과 아직 모자란 것은 무엇인가요?

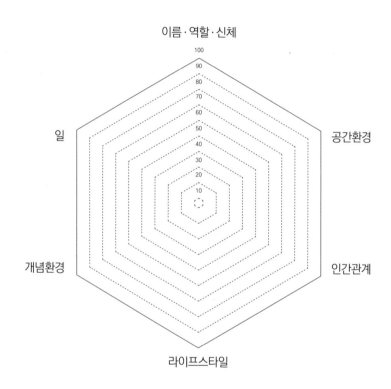

욕망 지수 분석

욕망이 가장 잘 충족된 트랙은 무엇인가요?

욕망이 충족되지 못한 트랙은 무엇인가요?

욕망 지수와 욕망 충족도 02

나는 무엇을 가장 원하고, 무엇을 가장 덜 바랄까요? 6트랙에 원하는 것을 적고, 그림 안에 욕망의 강도를 표시하여 선으로 연결해 보세요.

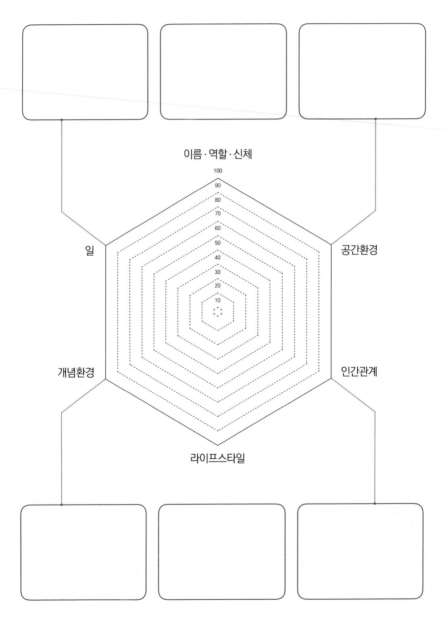

내 욕망은 얼마나 충족되고 있을까요? 왼쪽 페이지에 표시한 욕망들이 어느 정도 충족되었는지를 확인해 보세요. 넘치게 충족된 것과 아직 모자란 것은 무엇인가요?

욕망 지수 분석

욕망이 가장 잘 충족된 트랙은 무엇인가요?

욕망이 충족되지 못한 트랙은 무엇인가요?

욕망 순위 01

내가 가장 원하는 욕망은 무엇일까요? 욕망에 순위를 매겨 리스트로 정리해 보세요. 앞서 정리한 것과는 별개로 떠오르는 대로 작성해 보세요.

욕망 순위	분야(6트랙)	충족도
1	역할 몸 / 공간 환경 / 인간 관계 / 라이프 스타일 / 개념 환경 / 일	○○○○○
2	역할 몸 / 공간 환경 / 인간 관계 / 라이프 스타일 / 개념 환경 / 일	○○○○○
3	역할 몸 / 공간 환경 / 인간 관계 / 라이프 스타일 / 개념 환경 / 일	○○○○○
4	역할 몸 / 공간 환경 / 인간 관계 / 라이프 스타일 / 개념 환경 / 일	○○○○○
5	역할 몸 / 공간 환경 / 인간 관계 / 라이프 스타일 / 개념 환경 / 일	○○○○○
6	역할 몸 / 공간 환경 / 인간 관계 / 라이프 스타일 / 개념 환경 / 일	○○○○○
7	역할 몸 / 공간 환경 / 인간 관계 / 라이프 스타일 / 개념 환경 / 일	○○○○○
8	역할 몸 / 공간 환경 / 인간 관계 / 라이프 스타일 / 개념 환경 / 일	○○○○○
9	역할 몸 / 공간 환경 / 인간 관계 / 라이프 스타일 / 개념 환경 / 일	○○○○○
10	역할 몸 / 공간 환경 / 인간 관계 / 라이프 스타일 / 개념 환경 / 일	○○○○○

VISUALIZE

내가 가장 원하는 욕망은 무엇일까요? 욕망에 순위를 매겨 리스트로 정리해 보세요. 앞서 정리한 것과는 별개로 떠오르는 대로 작성해 보세요.

욕망 순위	분야(6트랙)	충족도
1	역할/몸 · 공간환경 · 인간관계 · 라이프스타일 · 개념환경 · 일	○○○○○
2	역할/몸 · 공간환경 · 인간관계 · 라이프스타일 · 개념환경 · 일	○○○○○
3	역할/몸 · 공간환경 · 인간관계 · 라이프스타일 · 개념환경 · 일	○○○○○
4	역할/몸 · 공간환경 · 인간관계 · 라이프스타일 · 개념환경 · 일	○○○○○
5	역할/몸 · 공간환경 · 인간관계 · 라이프스타일 · 개념환경 · 일	○○○○○
6	역할/몸 · 공간환경 · 인간관계 · 라이프스타일 · 개념환경 · 일	○○○○○
7	역할/몸 · 공간환경 · 인간관계 · 라이프스타일 · 개념환경 · 일	○○○○○
8	역할/몸 · 공간환경 · 인간관계 · 라이프스타일 · 개념환경 · 일	○○○○○
9	역할/몸 · 공간환경 · 인간관계 · 라이프스타일 · 개념환경 · 일	○○○○○
10	역할/몸 · 공간환경 · 인간관계 · 라이프스타일 · 개념환경 · 일	○○○○○

욕망의 사회성 01

내 욕망은 나만의 것일까요? 나만의 만족을 위한 이기적 욕망인지, 타인이나 세상을 위한 이타적 혹은 대승적 욕망인지를 살펴봅니다. 원하는 강도를 기준으로 하여 그려 보세요.

X축 욕망의 사회성	Y축 욕망의 강도
이기적 : 나만의 행복과 만족을 위한 것	욕망 대상이나 활동을 얼마나 원하는지 강하고
이타적: 타인 혹은 사회 시스템을 위한 것	약한 정도

내 욕망은 나만의 것일까요? 나만의 만족을 위한 이기적 욕망인지, 타인이나 세상을 위한 이타적 혹은 대승적 욕망인지를 살펴봅니다. 원하는 강도를 기준으로 하여 그려 보세요.

X축 욕망의 사회성	Y축 욕망의 강도
이기적 : 나만의 행복과 만족을 위한 것 이타적: 타인 혹은 사회 시스템을 위한 것	욕망 대상이나 활동을 얼마나 원하는지 강하고 약한 정도

욕망 사건 분석 01

내가 겪었던 욕망과 관련된 사건들 중 하나를 떠올립니다. 그 사건을 대상과 활동으로 나누어 어떤 욕망으로부터 비롯된 것인지를 살펴보고, 성취와 좌절의 원인 등을 분석해 봅니다.

❶ 욕망 사건

언제

기억·사건

❷ 대상과 활동

욕망이 되는 대상과 활동을 적어보세요. 대상만 혹은 활동만 있는 경우도 있을 수 있습니다.

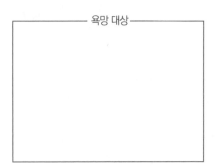

────── 욕망 대상 ──────

내가 욕망하는 사람·물건 등의 대상

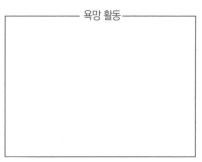

────── 욕망 활동 ──────

욕망했던 활동 혹은 충족하기 위한 활동

❸ 욕망

이 사건은 어떤 욕망의 영역에 속한 것인지, 욕망의 강도를 숫자로 표시해 보세요.

생존욕구

인정욕구

완성욕구

욕망 지수

/30

❹ 관련 활동

욕망 사건과 관련된 6트랙의 환경과 욕망에 따른 나의 반응과 행동을 모두 적어 보세요.

❺ 원인 분석

욕망의 성취와 좌절의 이유를 살펴보고, 그 원인을 리소스 측면에서 분석해 보세요.

┌ 경험·능력·콘텐츠 ┐ ┌인간관계·네트워크┐ ┌─── 시간 ───┐ ┌─── 자금 ───┐ ┌─── 기타 ───┐

욕망 사건 분석 02

내가 겪었던 욕망과 관련된 사건들 중 하나를 떠올립니다. 그 사건을 대상과
활동으로 나누어 어떤 욕망으로부터 비롯된 것인지를 살펴보고, 성취와 좌
절의 원인 등을 분석해 봅니다.

❶ 욕망 사건

언제

기억·사건

❷ 대상과 활동

욕망이 되는 대상과 활동을 적어보세요. 대상만 혹은 활동만 있는 경우도 있을 수 있습니다.

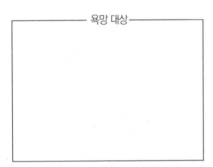

내가 욕망하는 사람·물건 등의 대상

욕망했던 활동 혹은 충족하기 위한 활동

❸ 욕망

이 사건은 어떤 욕망의 영역에 속한 것인지, 욕망의 강도를 숫자로 표시해 보세요.

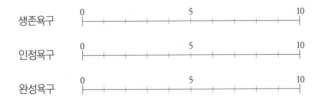

생존욕구

인정욕구

완성욕구

욕망 지수

/ 30

④ 관련 활동

욕망 사건과 관련된 6트랙의 환경과 욕망에 따른 나의 반응과 행동을 모두 적어 보세요.

⑤ 원인 분석

욕망의 성취와 좌절의 이유를 살펴보고, 그 원인을 리소스 측면에서 분석해 보세요.

┌경험·능력·콘텐츠┐	┌인간관계·네트워크┐	┌시간┐	┌자금┐	┌기타┐

욕망 사건 분석 03

내가 겪었던 욕망과 관련된 사건들 중 하나를 떠올립니다. 그 사건을 대상과 활동으로 나누어 어떤 욕망으로부터 비롯된 것인지를 살펴보고, 성취와 좌절의 원인 등을 분석해 봅니다.

❶ 욕망 사건

언제

기억·사건

❷ 대상과 활동

욕망이 되는 대상과 활동을 적어보세요. 대상만 혹은 활동만 있는 경우도 있을 수 있습니다.

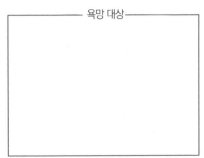

욕망 대상

내가 욕망하는 사람·물건 등의 대상

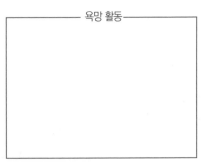

욕망 활동

욕망했던 활동 혹은 충족하기 위한 활동

❸ 욕망

이 사건은 어떤 욕망의 영역에 속한 것인지, 욕망의 강도를 숫자로 표시해 보세요.

생존욕구 0 ——|——|——|——|—— 5 ——|——|——|——|—— 10

인정욕구 0 ——|——|——|——|—— 5 ——|——|——|——|—— 10

완성욕구 0 ——|——|——|——|—— 5 ——|——|——|——|—— 10

욕망 지수

/ 30

❹ 관련 활동

욕망 사건과 관련된 6트랙의 환경과 욕망에 따른 나의 반응과 행동을 모두 적어 보세요.

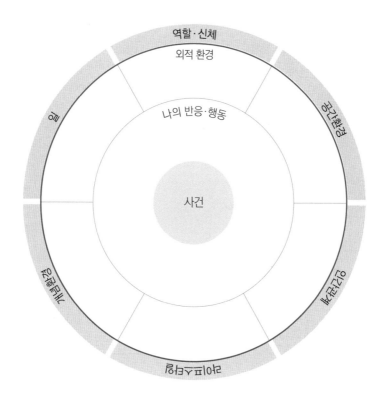

❺ 원인 분석

욕망의 성취와 좌절의 이유를 살펴보고, 그 원인을 리소스 측면에서 분석해 보세요.

┌ 경험·능력·콘텐츠 ┐	┌ 인간관계·네트워크 ┐	┌ 시간 ┐	┌ 자금 ┐	┌ 기타 ┐

욕망에서 실행까지 01

원한다고 해서 모든 것을 실행에 옮기지는 않습니다. 내가 원하는 것을 실행하기까지 어떤 조건들이 필요할까요? 내게 필요한 내적·외적 변화 혹은 전제를 고민해 보세요.

내가 원하는 것 → 필요한 변화 → 실행하기

1. 내 욕망을 적어 보세요.
2. 욕망을 실현하기 위해 필요한 첫 번째 단계의 활동을 적어 보세요.
3. 실행을 위해 필요한 변화나 조건 혹은 내가 준비해야 하는 것을 적어 보세요.

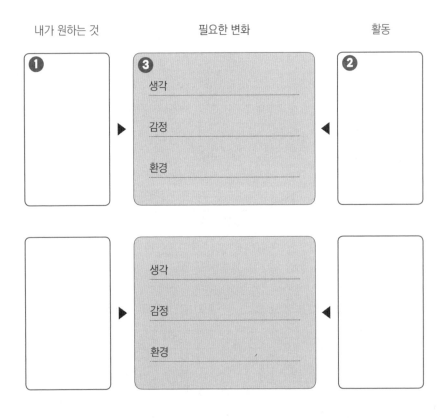

욕망에서 실행까지 02

원한다고 해서 모든 것을 실행에 옮기지는 않습니다. 내가 원하는 것을 실행하기까지 어떤 조건들이 필요할까요? 내게 필요한 내적·외적 변화 혹은 전제를 고민해 보세요.

내가 원하는 것 → 필요한 변화 → 실행하기

1. 내 욕망을 적어 보세요.
2. 욕망을 실현하기 위해 필요한 첫 번째 단계의 활동을 적어 보세요.
3. 실행을 위해 필요한 변화나 조건 혹은 내가 준비해야 하는 것을 적어 보세요.

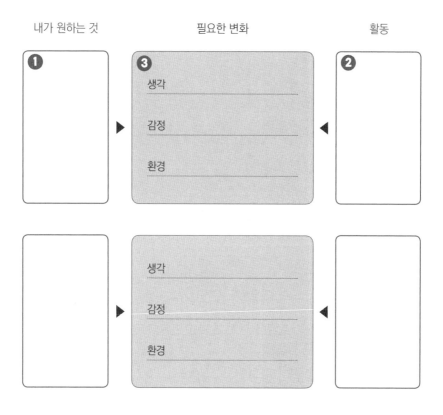

내가 원하는 것　　　　　필요한 변화　　　　　활동

욕망에서 실행까지 03

원한다고 해서 모든 것을 실행에 옮기지는 않습니다. 내가 원하는 것을 실행하기까지 어떤 조건들이 필요할까요? 내게 필요한 내적·외적 변화 혹은 전제를 고민해 보세요.

내가 원하는 것 → 필요한 변화 → 실행하기

1. 내 욕망을 적어 보세요.
2. 욕망을 실현하기 위해 필요한 첫 번째 단계의 활동을 적어 보세요.
3. 실행을 위해 필요한 변화나 조건 혹은 내가 준비해야 하는 것을 적어 보세요.

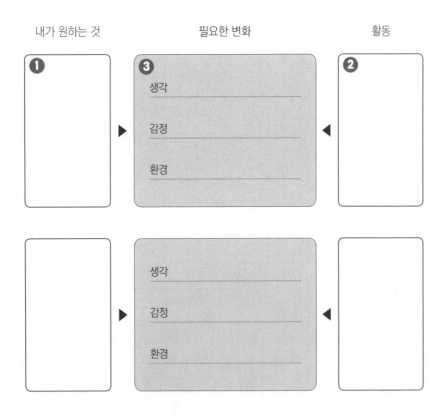

내가 원하는 것	필요한 변화	활동

생각

감정

환경

생각

감정

환경

욕망에서 실행까지 04

원한다고 해서 모든 것을 실행에 옮기지는 않습니다. 내가 원하는 것을 실행하기까지 어떤 조건들이 필요할까요? 내게 필요한 내적·외적 변화 혹은 전제를 고민해 보세요.

내가 원하는 것 → 필요한 변화 → 실행하기

1. 내 욕망을 적어 보세요.
2. 욕망을 실현하기 위해 필요한 첫 번째 단계의 활동을 적어 보세요.
3. 실행을 위해 필요한 변화나 조건 혹은 내가 준비해야 하는 것을 적어 보세요.

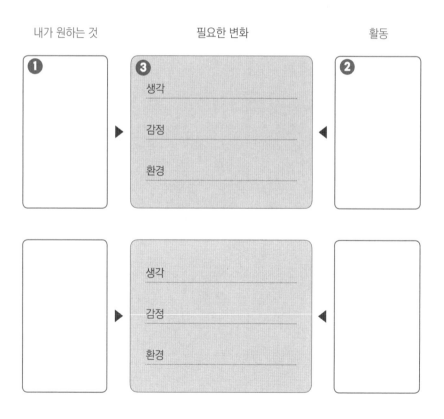

욕망에서 실행까지 05

원한다고 해서 모든 것을 실행에 옮기지는 않습니다. 내가 원하는 것을 실행하기까지 어떤 조건들이 필요할까요? 내게 필요한 내적·외적 변화 혹은 전제를 고민해 보세요.

내가 원하는 것 → 필요한 변화 → 실행하기

1. 내 욕망을 적어 보세요.

2. 욕망을 실현하기 위해 필요한 첫 번째 단계의 활동을 적어 보세요.

3. 실행을 위해 필요한 변화나 조건 혹은 내가 준비해야 하는 것을 적어 보세요.

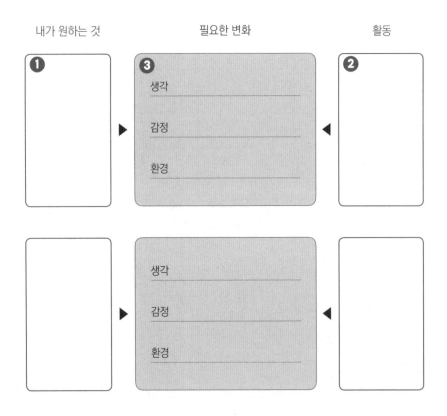

욕망 정의 내리기

경험을 통해 발견하고 분석하며 이해한 욕망에 대해 나만의 정의를 내려 볼 시간입니다. 여러분들이 이해한 욕망은 다른 사람들의 맥락이나 몸을 통해 드러난 것이 아니라 온전히 나를 통해 드러난 것입니다. 나를 살아 움직이게 만드는 원동력으로서 욕망을 주체적으로 규정하고, 앞으로의 삶에서 벌어질 다양한 사건들을 이해하고 판단할 수 있도록 나만의 기준점을 만들어 보시길 권합니다. 욕망을 정의 내리는 과정은 결국 나에 대한 규정이기도 합니다.

Q.01

빈칸에 들어갈 나만의 답은 무엇인가요? 그 이유도 적어 보세요.

"인생은 _____ 을 향해가는 욕망의 과정이다."

Q.02

욕망해서 좋아하나요? 좋아해서 욕망하나요?

Q.03

욕망의 주체가 나라고 생각하나요? 욕망이라는 존재가 나라는 매개체를 통해 표현된다고 느껴본 적이 있나요?

Q.04

욕망은 자연발생적인 것인가요? 문화적인 것인가요? 아니면 발명되는 것일까요?

Q.05

욕망이 전혀 없는 내 삶을 상상해 보세요. 그 삶은 어떤 모습일까요?

Q.06

욕망은 결핍으로부터 발생하는 것일까요? 혹은 욕망이 있어서 삶이나 관계가 가능한 것일까요?

Q.07

욕망은 감정일까요? 개념일까요? 나만의 욕망을 정의해 보세요.

Q.08

나의 욕망은 어떤 모습일까요? 자신이 느끼거나 생각하는 욕망이나 욕망의 구조를 그려보세요.

Q.09

내가 가진 다양한 욕망들을 나만의 기준으로 분류해 보세요. (예: 내적 욕망과 외적 욕망, 즉각적인 욕망과 장기적인 욕망 등)

Q.10

내 안에서 욕망이 어떻게 발생하고 표현되는지를 단계별로 상세하게 정리해 보세요.

욕망 디자인하기

지금까지 내가 욕망해 온 구체적인 대상들과 활동들을 이해하고, 욕망에 대한 나만의 기준과 정의를 내려 보았습니다. 욕망 디자인에서는 앞으로 살아갈 미래에 나의 의지로 욕망을 통제하는 것이 가능한 일인지 살펴봅니다. 추상적 욕망을 구체적 대상과 내 신체와 성격의 기질적 특성에 적합한 활동 모듈로 만들어 봅니다. 모듈의 변화와 재배치를 통해 현실화를 시도함으로써, 내가 바란다고 믿는 것들에 대한 삶의 방향성과 태도를 스스로 찾을 수 있을 것이라 기대합니다.

미래의 내 모습

미래의 '나'는 어떤 사람이기를 욕망하나요? 타인에게 어떻게 보여지고 싶은지, 어떤 사람으로 살아가고 싶은지를 생각해 보고, 이상적인 나의 모습을 트랙별로 구체화해 보세요.

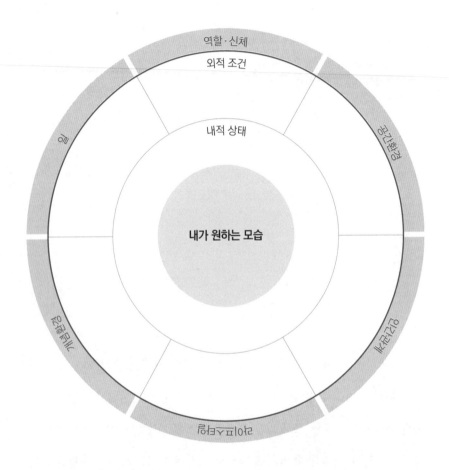

향후 3년 혹은 5년 후 등 특정 시점을 스스로 정하고,
6트랙의 외적 조건이나 환경, 내적 상태(생각 · 감정 등)를 적어 보세요.

필요한 변화

지금의 내 모습은 이상적인 모습에 가까운가요? 이상적인 미래의 내가 되려면 어떤 변화가 필요할까요? 외적 환경 변화와 나 자신의 내적 변화로 나누어 적어 보세요.

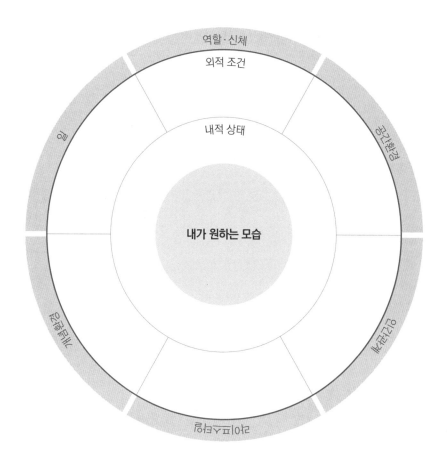

가장 많은 변화가 필요한 트랙은 무엇인가요?

지금 이대로 유지하면 되는 트랙은 무엇인가요?

내가 원하는 '나'로 살기 위해 신체적 · 역할적으로 어떤 변화가 필요할까요? 구체적인 계획을 세워 보세요.

작성법
1. 신체의 변화 혹은 나를 규정하는 것들 중 변화가 필요한 대상을 적어 보세요.
2. 변하기 위해 내가 실천해야 하는 구체적 활동을 적어 봅니다.
3. 바로 실행할 수 있는 활동과 시간이 필요한 중장기 활동을 나누어 적습니다.

	단기	중기	장기
대상 활동			
대상 활동			
대상 활동			
대상 활동			

DESIGN

변화 계획SPACE

내가 원하는 '나'로 살기 위해 공간환경에는 어떤 변화가 필요할까요? 구체적인 계획을 세워 보세요.

작성법
1. 집, 사무공간, 자주 방문하는 공간 등 변화가 필요한 대상을 적어 보세요.
2. 변하기 위해 내가 실천해야 하는 구체적 활동을 적어 봅니다.
3. 바로 실행할 수 있는 활동과 시간이 필요한 중장기 활동을 나누어 적습니다.

대상 / 활동	단기	중기	장기
대상 활동			
대상 활동			
대상 활동			
대상 활동			

변화 계획PEOPLE

내가 원하는 '나'로 살기 위해 인간관계에서 어떤 변화가 필요할까요? 구체적인 계획을 세워 보세요.

작성법
1. 가족, 연인, 친구 동료 등 변해야 하는 관계 대상을 적어 보세요.
2. 변하기 위해 내가 실천해야 하는 구체적 활동을 적어 봅니다.
3. 바로 실행할 수 있는 활동과 시간이 필요한 중장기 활동을 나누어 적습니다.

	단기	중기	장기
대상 활동			
대상 활동			
대상 활동			
대상 활동			

변화 계획LIFESTYLE

내가 원하는 '나'로 살기 위해 라이프스타일에는 어떤 변화가 필요할까요?
구체적인 계획을 세워 보세요.

작성법
1. 물건, 문화콘텐츠, 패션, 음식 등 변화가 필요한 소비 대상을 적어 보세요.
2. 변하기 위해 내가 실천해야 하는 구체적 활동을 적어 봅니다.
3. 바로 실행할 수 있는 활동과 시간이 필요한 중장기 활동을 나누어 적습니다.

	단기	중기	장기
대상 활동			
대상 활동			
대상 활동			
대상 활동			

내가 원하는 '나'로 살기 위해 개념환경에는 어떤 변화가 필요할까요? 구체적인 계획을 세워 보세요.

작성법
1. 생각의 전제, 고민, 가치관, 신념 등 변해야 하는 개념 대상을 적어 보세요.
2. 변하기 위해 내가 실천해야 하는 구체적 활동을 적어 봅니다.
3. 바로 실행할 수 있는 활동과 시간이 필요한 중장기 활동을 나누어 적습니다.

	단기	중기	장기
대상 활동			
대상 활동			
대상 활동			
대상 활동			

DESIGN

변화 계획 WORKLIFE

내가 원하는 '나'로 살기 위해 워크라이프에는 어떤 변화가 필요할까요? 구체적인 계획을 세워 보세요.

작성법

1. 물건, 문화콘텐츠, 패션, 음식 등 변화가 필요한 소비 대상을 적어 보세요.
2. 변하기 위해 내가 실천해야 하는 구체적 활동을 적어 봅니다.
3. 바로 실행할 수 있는 활동과 시간이 필요한 중장기 활동을 나누어 적습니다.

	단기	중기	장기
대상 활동			
대상 활동			
대상 활동			
대상 활동			

욕망 디자인하기

리소스 분석 ─────────────

현재 내가 사용할 수 있는 리소스를 분석해 봅니다. 남들과 비교 평가하지 않고 작은 가능성이라도 모두 적어 보세요.

1. 나의 변화를 위해 가장 필요한 리소스는 무엇인가요?
2. 앞으로 좀 더 확보하고 싶은 리소스는 무엇인가요? 이유는 무엇인가요?

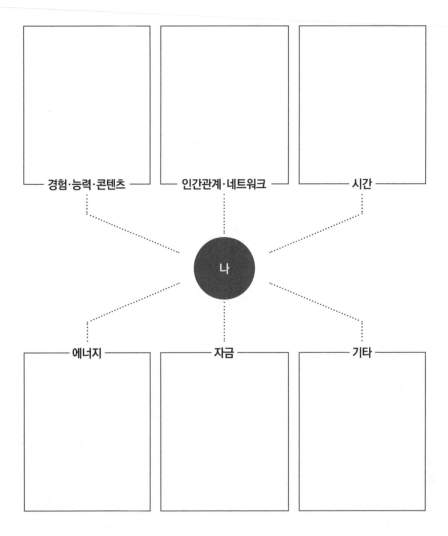

경험·능력·콘텐츠

인간관계·네트워크

시간

나

에너지

자금

기타

리소스 재배치

변화계획의 실현을 위해 필요한 리소스 변화를 추가할 리소스(+)와 포기할
리소스(-)로 나누어 적어 보세요.

트랙	대상	활동		리소스 변화					
				능력	네트워크	시간	에너지	자금	기타
역할 신체			추가리소스 (+)						
			포기리소스 (-)						
공간 환경			추가리소스 (+)						
			포기리소스 (-)						
인간 관계			추가리소스 (+)						
			포기리소스 (-)						
라이프 스타일			추가리소스 (+)						
			포기리소스 (-)						
개념 환경			추가리소스 (+)						
			포기리소스 (-)						
일			추가리소스 (+)						
			포기리소스 (-)						

시간 패턴 디자인

변화계획을 바탕으로 새로운 시간 패턴을 디자인해 봅니다. 우선 현재의 시간 사용 패턴을 분석해보고, 변화를 위한 새로운 활동을 추가하면서 기존 활동을 줄이거나 없애며 변화를 줍니다.

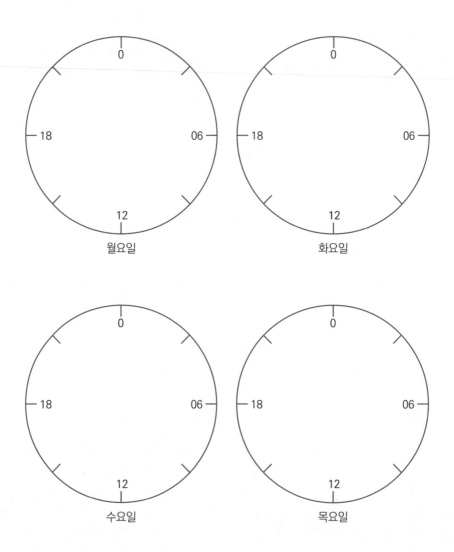

DESIGN

결국 내가 사용하는 의식적 시간 패턴이 나의 미래를 결정합니다. 중요한 점은, 나의 활동이 욕망의 구체적인 결과물로 생성되도록 인식하고 행위하는 시간을 점차 늘여나가는 것입니다.

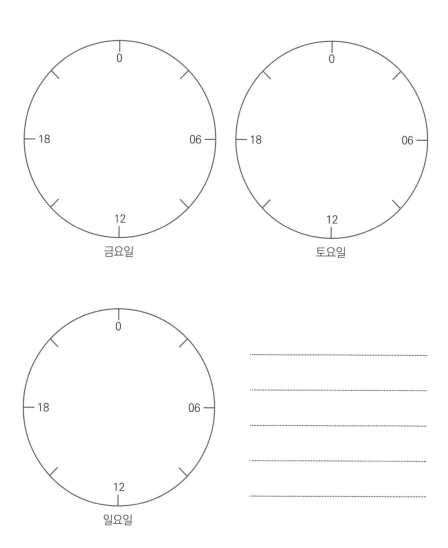

금요일

토요일

일요일

맺는 글

욕망의 여정을
마치며

갓 태어난 아이에게 '나'라는 인식은 없을 것입니다. 오직 생물학적 존재로서 생명력을 유지하기 위한 생존 욕구로 가득합니다. 시간이 흐르면서 아이는 특정한 공간적·사회적 환경에서 자신을 둘러싼 사람들, 물건·콘텐츠와의 관계를 통해 집단적으로 통용되는 개념과 역할들을 학습하며, '나'라는 인식을 구축해 갑니다. '나'는 제한된 환경에 따라 출렁이면서 마치 여러 얼굴을 지닌 존재처럼 행동합니다. 스스로가 생각하는 추상적 '나'를 타인 혹은 다른 존재들의 인정을 통해 유지하기 위해, 인정 욕구에서 비롯된 다양한 활동들을 열심히 수행합니다.

'나'는 결코 이 세상에 홀로 존재할 수 없으며, 외부 대상들과 끊임없이 관계를 맺고 영향을 주고받으며 욕망을 발현시킵니다. 또한 타인 혹은 다른 존재들의 욕망과 충돌하면서 현실을 인식하고 삶의 경험을 축적하게 됩니다. 그리고 그 경험들은 나라는 존재의 패턴을 강화시켜 갑니다. 누군가에게 삶의 시공간은 '나'의 존재를 유지하며 그 존재가 원하는 것을 현실화함으로써 감정적 만족을 얻는 천국 같은 곳이고, 어느 누군가에게는 성취하지 못한 욕망의 덫에 갇혀 끊임없이 좌절하는 감옥 같은 곳일 것입니다.

　지금까지 나를 둘러싼 6트랙의 맥락 안에서 나는 어떤 대상을 욕망하는 지, 내가 경험한 사건들이 어떤 욕망에서 비롯된 것인지를 다양한 질문과 도표들로 정리하고 분석해 보았습니다. 욕망을 직시하고 분석하고 이해해 보려는 질문 여정이 쉽지만은 않았으리라 생각합니다. 분명 내가 원해서 했다고 생각한 행동들이 지나고 보니 다른 이가 원했던 것임을 알게 되거나, 딱히 누가 원했던 것인지 모르거나 모호한 경우들도 적지 않을 것입니다. 하지만 '나'라는 주체 혹은 '나'라는 매개체를 통해서 늘 무언가를 끊임없이 바라고 원하고 갈망하는 현상이 존재함을 분명 인식했을 것입니다. 저는 욕망을 이해하려는 노력이, 결국 욕망의 총합으로서 나(에고들)의 삶의 방향성과 태도를 이해하는 것과 같다고 생각했습니다. 내가 원하고 바라는 대상이 존재하지 않는다면, 그리고 그러한 욕망 대상을 향한 나의 구체적 행위가 없다면, 삶을 살아가는 '나'로서의 발현은 가능하지 않습니다. 우리는 스스로 목표를 설정한다고 생각하지만 사실 그 목표는 무언가에 의해 이미 정해져 있고, 내가 그것을 설정한다고 믿어버리는 행위에 가깝습니다. 하나의 욕망이 성취되고 나면 또 다른 트랙의 욕망 대상이 기다리고 있을 것입니다. 그리고 그것이 성취되지 못할 때 우리는 괴로움을 겪습니다. 성취를 해도 일정 기간 만족을 느끼고, 또다시 다른 대상을 향해 결핍을 느낍니다. 이런 식으로 우리의 삶은 지속됩니다. 이 끊임없는 쳇바퀴 속에서 바삐 움직이다 보면, 그것이 내 욕망인지, 왜 그것을 원하는지에 대한 질문은 서서히 희미해집니다. 그것을 살아내기에도 내 몸과 감정, 정신 에너지는 거의 소진됩니다.

하루하루 삶이 이어지고 때로는 공허함을 느끼지만, 우리에게는 추구해야할 또 다른 욕망 대상이 끝도 보이지 않을 만큼 기다리고 있습니다. 욕망의 굴레에서 벗어나고 싶다는 욕망을 하는 아이러니가 발생하기도 하지만, 원하는것이 성취될 때의 짜릿함도 놓치고 싶지는 않습니다. 한동안 모든 상황이 만족스러워지면 권태와 공허함이 찾아오고 새로운 자극을 욕망하게 됩니다.

이러한 굴레가 무엇인지를 이해하고 싶다면, 잠시 멈춰 스스로에게 질문해야 합니다. 마음 한구석에서 헛헛하고 허무한 감정과 함께 '이건 아닌데' 하는 소리가 내면에서 들려온다면 내가 원하는 삶이 무엇인지 스스로에게 물어봐야 합니다. 남들이 좋아하는 일을 하고, 남들이 좋아할 만한 곳에 가고, 남들의 취향을 따르며, 남들이 생각하는 대로 살고, 남들이 원하는 일을 하는 나는 누구의 삶을 살고 있는 것인가요? 공통의 공간, 공통의 개념환경, 공통의 취향, 사회가 원하는 공통의 일, 공통의 생활방식으로 사는 나의 삶, 내 모습이란 무엇일까요?

정신없이 욕망 레이스에 몰두하느라 놓치고 있었던 내 안의 기억들, 감정들, 생각들을 하나씩 꺼내어 들여다보고, 그것들과 관련된 삶의 맥락들을 차분히 지켜볼 때입니다. 삶의 근거에 나의 기준점들이 존재하는지 하나하나 찾아보아야 합니다. 그동안 내가 해오던 해석과 판단 이외에 다른 해석 가능성이 있는지 돌아보고, 삶에 대한 인식을 확장해 가야 합니다. 또다시 욕망하고 성취하고 그 이후 등장하는 감정을 솔직하게 들여다보아야 합니다.

추상적인 욕망을 구체화하며 의지대로 사용할 수 있는 영역을 조금씩 넓혀 나가다 보면, 언젠가는 그 답에 가까이 다가갈 수 있을지 모릅니다. 내가 원하는 것이 욕망 대상인지 활동인지 분별하는 것부터 시작해 봅니다. 내가 원하는 것을 깨닫기 위해 감정을 확인하며 감각을 단련하지 않는다면, 욕망의 주체가 진정 나인지 타인인지 점점 알 수 없어집니다. 욕망의 감각을 상실한다면 특정 시스템이나 힘을 가진 누군가의 인형으로 전락하거나 그 마저의 가치도 상실한 채 욕망계를 부유하게 될지도 모릅니다.

'나'는 욕망함으로써 행위하는 존재입니다. 혹은 욕망이 행위함으로써 내가 존재합니다. 때로 욕망계 안에 속해 있으면서 욕망하는 삶으로부터 자유로워지고 싶어 합니다. 결국 욕망하는 존재로서 내가 과연 내 삶의 근거인 욕망 에너지를 내 의지대로 사용할 수 있는 것인지의 문제입니다.

욕망계 안에서 자유를 얻고 싶다는 것은 과연 무슨 의미일까요? 욕망이 '나'에게 기생하여 살아 있다는 느낌을 주며, 욕망의 생명력을 연장하는 것만 같을 때도 있습니다. 기생이든, 공생이든 이 욕망계 안에서 나의 자유는 얼마나 가능한 걸까요? 이제 그 답을 스스로 내려볼 수 있으신가요?

애당초 '프로젝트 라이프'로서의 삶에는 정해진 답은 없을 거라고 생각합니다. 사실을 문제로 삼는 해석체계가 존재하고, 내가 어떤 해석체계를 왜 선택하는지를 스스로 인식하는 것이 중요합니다. 괴로운 삶도, 만족스러운 삶도, 권태로운 삶도 모두 나의 삶입니다. 욕망의 영향권은 나를 중심으로 일정 범위 내에 존재합니다. 끊임없이 나와 나를 둘러싼 현상들을 관찰하고, 질문하면서 관계망 안에서 스스로가 드러나는 양상을 바라보다 보면, 조건이 바뀌어도 나의 괴로움이 계속되는 것을 알 수 있습니다.

이 모든 것은 결국 절대적 인과관계가 있는 것이 아니라, 나라는 체계 안에 갇혀 있는 인식의 문제임을 이해하게 될 것입니다. 변화하는 욕망, 그 욕망으로 인한 감정, 그것을 해석하는 생각이 뒤섞인 나라는 존재의 양상을 6트랙의 맥락 안에서 자명하게 알아차리고, 내가 주체가 되어 욕망을 경영해야 합니다. 그 결과 온전히 나로서 존재하는 것이야말로 이 프로젝트 라이프의 숙제인지도 모르겠습니다.

불완전함을 개성으로 갖고 있는 인간이라는 종은, 스스로 의지를 부릴 수 있는 나만의 맥락 안에서 자신만의 방식으로 욕망 에너지에 집중하고, 부끄러움과 두려움을 극복해 솔직하게 표현하기를 연습하고, 나답게 무엇인가를 만들고 당당하게 행동할 때야말로 주체적 삶을 구체적으로 실천해 나갈 수 있다고 생각합니다. 욕망을 이해하지 못하면 외부 평가에 기대어 과거의 행동 패턴대로 살게 됩니다. 현재의 활동은 미래의 내비게이션과 같습니다. 이 시간을 어떤 식으로 행동하며 살아가는지 잘 살펴보면 미래의 방향성을 어느 정도 예측할 수 있습니다. 미래의 모습을 변화시키고 싶다면, 축적된 경험을 토대로 내가 욕망하는 존재 방식이나 라이프스타일 등이 통합된 '나' 혹은 살아가고 싶은 모습에 대해 정의를 내리고, 구체적인 목표를 세워 타고난 기질적 특성과 성격에 따라 실현 가능한 작은 액션이라도 나만의 방식으로 시작해야 합니다. 그렇지 않다면 내 미래는 주어진 대로, 남들이 바라는 대로, 남들의 목표와 방식으로 살아가게 될 것입니다.

누가 뭐라고 하든 나만의 정의가 있어야 당당하고 솔직하게 자신의 이야기를 말할 수 있습니다. 스스로 질문하고 자신만의 정의를 내리며, 시도하고 실천하기를 멈추지 않고, 자신의 감각을 단련하며 상황을 맥락적으로 이해하고, 서로의 입장에서 생각하며 대화하는 훈련을 해야 합니다. 모든 것이 코드화되고 예측과 통제가 가능해지는 효율적 세상을 전체적으로 지향한다는 것은, 어쩌면 인간 스스로 자신의 존재 가치를 폐기하는 행위일지도 모릅니다. 의식적인 나만의 선택을 하지 않는다면 욕망이 나를 이용할 것이며, 주체적인 나만의 활동 모듈이 없는 삶을 산다면 환경의 지배를 받게 될 것입니다. 그러다 보면 누구의 욕망인지도 모른 채 재미도 자존감도 잃어가며 삶을 흘려보내게 되겠지요.

주체적으로 욕망을 발현하며 살아간다는 것은, 결국 인간이란 종의 존재 의미와도 연결되는 것 아닐까요? 욕망은 정해진 외부의 기준과 억압을 넘어 좀 더 자유로운 개인과 사회로 향하게 해줄 가능성을 품고 있습니다. 자유로운 의지를 가진 나와 예측 불가능한 욕망이 만나 돌발 상황이 발생하는 인간의 개체적 독특함이 지속될 때, 우리의 존재 가치는 빛을 발합니다. 인간은 욕망을 억제하거나 통제하기보다 끝까지 추구하며 살아야 하는 존재라고 생각합니다.

우리가 욕망하는 이상향은 현실 세계가 아닌 각자의 머릿속에 추상적인 그림像으로 존재합니다. 공자님, 부처님, 예수님이 전한 깨달음의 원리는 수천 년 동안 들어 이미 알고 있습니다. 그러한 이야기들을 통해 사회가 분명 조금씩 나아져 왔지만, 우리가 살고 있는 이곳은 여전히 불평등이 만연하고 사람은 도구가 되어 살아갑니다. 이상적 개념들이 어딘가에 있다고 해서 멈출 수는 없습니다. 각자가 해야 할 일들을 찾아 구체적으로 삶을 바꿀 수 있는 방법을 강구해야 합니다. 드러나는 문제는 함께 연대해서 해결하면 됩니다.

아무쪼록 욕망이라는 관점에서 나를 탐구해 본 이 책의 과정이 '나'라는 존재를 새롭게 인식하는 시간이었기를 바랍니다. 또한 미래를, 나의 가능성을 실험하는 주체적 욕망의 장으로서 살아가는 새로운 가능성을 발견하는 계기가 되었기를 바랍니다.

각자의 내적 우주에는 '나는 이런 사람이다'라는 정의와 '나는 절대 그런 사람이 아니며 그런 일을 저지를 리 없다'라는 믿음과 행위의 씨앗들이 무한히 존재한다고 생각합니다. 나를 둘러싼 삶의 맥맥락이 스스로 절대 원하지 않았던 상황으로 향하고, 절대 하지 않을 거라고 생각했던 행동들을 해야만 할 때도 주체적인 인간으로서의 선택이 가능하기를 바랍니다. 시공간을 관통하는 통합적 비전과 현재의 맥락에 집중하며 스스로 만들고 유지하는 '나'의 허구적 세계를 직시할 수 있는 시선이 가능하기를 희망합니다.

　인생 문제의 건축적 이해라는 명목으로 삶의 구조를 6개의 트랙 구조와 그 구조 내에서 각자의 해석과 선택 행위로 바라보는 저의 관점이, 여러분들만의 해석 구조와 틀을 만들어 가는 데 도움이 되셨기를 바랍니다. 누군가 만들어 놓은 해석체계가 아니라 여러분들의 기준점으로 삶을 마음껏 항해하시기를 바라며 마지막 욕망 질문을 드립니다.

Q.1

미래에도 인간이라는 종으로 살아남기 위해, 모두가 동의할 수 있는 공통의 가치가 존재할까요?

Q.2

삶을 마감하기 전에 반드시 이루고 싶은 최후의 욕망은 무엇인가요?

감사의 말

이 책의 질문들은 욕망의 현장인 인생에서 많은 사람들과 마주하며 나눈 소통 과정의 기록입니다. 어리석음으로 인해 욕망이 충돌하고, 때로는 작은 성취에 취해 서로 상처를 남기고 후회도 하며 얻은 느린 배움의 과정이었습니다. 살면서 서로 욕망의 충돌을 함께 경험했던 소중한 인연들에게 한없는 미안함과 함께 감사를 전합니다. 특히 '인생도서관'이라는 공간에서 함께 살아가며 서로의 변화를 지켜봐주는 소중한 식구들, 혜경, 현지, 희정에게 더없는 감사를 표합니다. 함께가 아니었다면 가능하지 않았을 결과물들이고 삶의 시간들입니다.

이 책을 읽고 있는 독자 여러분께 다시 한번 깊은 감사의 마음을 전합니다. 여러분의 관심과 깊이 있는 피드백 덕분에 저의 작업이 더욱 풍성해질 수 있었습니다. 여러분의 성찰과 삶에 대한 탐구가 이 책을 통해 조금이라도 깊어지시기를 진심으로 바랍니다.

P. S.

어쩌면 욕망이라는 존재는

삶이라는 장場에 인간을 떠밀어 넣고

다양한 콘텐츠를 모으는 수집가처럼 느껴집니다.

세계는 욕망의 배치와 충돌을 통해

삶의 사건들을 펼쳐 나갑니다.

욕망의 바람은 우리 존재의 근거가 되고

수많은 창조와 변화, 파멸의 원인이 됩니다.

욕망은 형태를 가진 욕망 존재를 낳고,

욕망 존재들은 욕망 에너지를 통해 소멸될 때까지

한시도 멈추지 않고 서로 출렁이며 부딪힙니다.

욕망의 네트워크에서 관계하며

우리가 존재하고, 사건의 우주가 펼쳐집니다.

내가 욕망하는 것이 아니라

욕망이 나를 살아 있게 합니다.

관계가 있어 욕망하는 것이 아니라

욕망이 있어 관계합니다.

욕망의 꿈은 나의 현실이 됩니다.

그리고 나는 그 현실을 생생生生하게 살아냅니다.

욕망 질문

초판 1쇄 발행 2024년 12월 27일

지은이 아키씨

기획편집 김소영
표지 디자인 아키씨
본문 디자인 박영정

펴낸곳 언더라인
출판등록 제2022-000005호
팩스 0504-157-2936
메일 underline_books@naver.com
인스타그램 @underline_books

ISBN 979-11-987430-2-2 (03100)

아키씨 ⓒ 2024, Printed in Korea